운을
만드는
집

돈·건강·관계의
흐름이 바뀌는
공간의 비밀

운을
만드는
집

신기율 지음

위즈덤하우스

시작하며

"아기가 너무 아래에 터를 잡았네요. 좀 더 지켜봐야겠지만 전치태반이 의심됩니다. 혹시 하혈이 있으면 빨리 병원에 오셔야 돼요."

마흔을 목전에 둔 노산의 아내는 의사의 설명을 들으며 점점 안색이 창백해졌다. 전치태반은 태반이 자궁입구를 덮어 태아가 나갈 출구를 막는 것을 말한다. 제왕절개가 없던 과거에는 산모와 태아 모두 사망할 수밖에 없는 가장 무서운 산액(産厄)이었다. 의학이 발달한 지금도 위험하기는 마찬가지다. 조산이나 과다출혈 심지어 자궁을 드러내는 일이 생기기도 한다. 그날 이후 초음파 사진 속의 평화롭던 세상은 공포와 절망의 공간으로 보이기 시작했다. 아기도 자신이 살 수 있는 유일한 문이 닫히고 있다는 걸 알고 있었던 것일까. 비좁은 공간에서 쉼 없이 버둥거리고 있는 태아의 모습은, 볼 때마다 불안하고 괴로워 보였다. 다행히 출산이 다가올수록 태반은 자궁 입구로부터 조금씩 멀어져 갔다. 배가 커진다고 무조건 태반이 밀려 올라가는 것은 아니다. 엄마가 어떻게 손쓸 수 있는 것도 아니다. 그건 어쩌면 아이가 만들어낸 생의 첫 번째 기적이었을지도 모른다.

　무사히 세상에 태어난 아기는 그 누구보다 더 힘차고 역동적으로 성장해갔다. 처음엔 아이의 그런 기질이 선천적으로 타고난 것이라 생각했다. 하지만 하기 싫은 걸 참아내고 하고 싶은 걸 인내하는 인고의 모습은 아무리 봐도 후천적으로 학습된 감각에 가까워 보였다. 만약 그렇다면 이 어린아이는 어디에서 그런 감각을 배울 수 있었을까? 그러다 문득 자궁의 험지(險地)에서 살아남았던 생존의 경험이 삶에도 반영되고 있는 건 아닐까 하는 생각이 들었다. 삶의 결핍이 우리를 성장하게 만들 듯, 공간의 결핍이 아이를 더 단단하게 성장시킨 건 아닐까 하는. 자궁의 편한 곳에 터를 잡았더라면 생기지 않았을 근성을 아이는 그곳에서 터득한 것일지도 모른다.

　최근에 공간이 주는 이런 반전을 죽음의 공간에서도 만날 수 있었다. SNS를 통해 읽게 된 어느 공동묘지의 비문(碑文)을 통해서다. 대부분 묘비에는 자신의 이름이나 업적을 쓰기 마련이다. 물론 다양한 종류의 비문이 존재하지만 내가 좋아하는 것, 보여주고 싶은 것, 어떤 사람이었는가에 대한 범위를 넘지 않는다. 결국 '나'에 대한 이야기를 쓰는 것이다. 하지만 이 비문은 자신의 이야기를 하지 않는다. 대신 이곳에 찾아올 사람들을 반갑게 맞이한다. 먼저 인사하고, 먼저 고마워한다. 묘비에는 이렇게 새겨져 있었다.

왔니?
고맙다.
사랑한다.
행복해라.
아빠, 엄마가

이 짧은 비문에 뭉클한 감동이 느껴지는 건 죽음의 순간에도 자식들을 생각하는 애틋한 마음이 전해지기 때문일 것이다. 비문을 읽으면 언제나 빈손이던 나를 꼭 안아주시던 부모님의 따뜻함이 내 마음 속에도 메아리친다. 그러다 문득 궁금해졌다. 이들의 삶의 공간은 어떠했을까? 죽음의 공간에서 삶의 공간으로 말을 건네듯 나오는 전혀 다른 곳의 사람들과도 동락(同樂)하며 살지 않았을까. 죽음의 공간처럼 그들의 생(生)의 공간 역시 따뜻하고 아름다웠을 거란 생각이 들었다. 함께 했던 많은 사람이 그들이 덥혀 놓은 공간의 훈기를 지닌 채 살아가고 있을 것 같았다. 이럴 때 묘지는 더 이상 소멸의 공간이 되지 않는다. 죽음과 삶을 이어주는 보이지 않는 연결의 공간이 된다. 진심을 담은 짧은 비문이 평범한 공동묘지의 한 귀퉁이를 그 어떤 곳보다도 따듯한 유대의 공간으로 만든 것이다.

이처럼 공간은 그곳에 머무는 사람이 어떤 의미를 부여하고 어떤 감정을 발산하는가에 따라 그 기운을 변화시킨다. 그렇게 변화된 기운은 그곳에 살고 있는 우리의 몸과 마음에 다시 영향을 미친다. 공간에는 그런 마법 같은 힘이 존재한다. 그리고 그런 마법 같은 공간은 내가 살고 있는 집에서도 쉽게 만들 수 있다. 베란다를 트고 거실을 넓혀 마련한 작은 다실이 내게는 바로 그런 곳이다. 낮고 기다란 다탁과 좌식용 의자 4개가 전부인 이곳에서 차를 마시며 출산의 계획을 짰고 첫 책의 꿈을 꿨으며 첫 칼럼의 기획을 했다. 이곳에서 철마다 아이들과의 여행계획을 세우고 지인들과 모여 힘든 현실의 난제들을 풀기도 했다. 지금 쓰고 있는 이 글의 첫 단추도 이곳에서의 차 한 잔에서 시작되었다. 놀라운 점은 이곳에서 만들었던 계획들은 하나의 예외 없이 모두 이루어졌다는 점이다. 함부로 계획을 세우지 않고 실패할 만한 일은 시도조차 않는 소심한 성향 탓도 있겠지만 나는 그 결실의 공로를 '다실'에 돌리고 싶다.

다실은 내 생각의 얕음을 깨우치는 스승이 되어주었고 마음이 힘들고 지칠 때마다 위로하는 친구가 되어주었다. 그래서 나에게 공간은 사람과 같다. 내가 애정을 쏟고 관심을 두고, 좋은 것을 선물할수록 그는 더 건강하고 아름다운 사람이 되어간다. 원래부터 나쁜 사람이 없듯이 원래부터 나쁜 터도 존재하지 않는다. 내가 그렇게 만들고 있을 뿐이다. 그렇기에 공간을 다루는 기술은 곧 내 삶을 다루는 방식이자 나와 맺어지는 모든 관계를 다루는 기술이기도 하다.

우리의 삶은 한 뼘 자궁의 공간에서 시작해 한 줌 가루가 되어 유골함으로 가는 기나긴 공간의 여정인지도 모른다. 그 지난한 여정 속에서 등 비빌 곳 없이 삭막한 풍경을 살아야 하는 사람들에게 이 책이 조금의 위안이라도 될 수 있었으면 좋겠다.

차 례

1

.

공간을
잘 다루기만 해도
인생의 기운이
달라진다!

절대적으로
나쁜 터는 없다

————

"이 집에 온 뒤부터 되는 일이 없어요. 아무래도 집에 문제가 있는 것 같은데, 선생님이 잠시 들러주시면 안 될까요?"

초로에 접어든 남자의 얼굴에는 피곤함과 불안감이 짙게 배어 있었다. 혈색이 좋았던 얼굴은 몇 년 새 반쪽이 됐고, 흰 머리도 확연히 늘어나 있었다. 대기업 임원으로 승승장구하며 일하던 시절에는 나이에 비해 훨씬 젊어 보이고 늘 생기가 넘 쳤는데, 대체 지난 3년간 그에게 무슨 일이 있었던 것일까.

한강 변에 위치한 그의 집으로 들어서자마자 베란다를 가 득 채운 한강의 풍광이 한눈에 들어왔다. 조금 오래됐지만 상 당한 금액을 주고 얻었을 것이 분명한 집이었다. 집 안 내부는 안주인의 깔끔한 성격을 보여주는 듯 단정했고, 흐트러짐이 없었다. 남서향에 볕도 잘 들고 한강이 한눈에 보이는, 누구나 부러워할 법한 이 집에 대체 어떤 문제가 있다는 것일까.

"3년 전에 은퇴를 하면서 그동안 고생한 아내에게 경치 좋은 집을 선물하고 싶어 조금 무리를 해 이 집에 이사를 왔습니다. 그런데 그때부터 안 좋은 일이 한꺼번에 일어나기 시작했어요. 노후 자금을 마련하려고 나름 신중하게 투자했던 주식이 급락하면서 큰 손실을 봤고, 그 때문에 스트레스를 받았는지 심근경색이 와 죽다 살아났죠. 그 뒤부터는 몸도 안 좋고 매사에 의욕이 없어서 방에 틀어박혀 있는 시간이 많아졌어요. 그러다 보니 자연히 집사람과 다툼이 잦아졌죠."

처음에 그는 그저 운이 없었던 것뿐이라고 생각했지만, 언젠가부터 집이 점점 불편해지기 시작했다. 외출했다가 집에만 오면 마음도, 몸도 축축 처지는 것이 느껴졌고, 그 감정을 아내에게 풀었다. 혹시 집에 문제가 있는 게 아닌가 싶어 관련 책을 찾아본 그는 뜻밖의 곳에서 원인을 찾아냈다. 그것은 바로 눈앞에 펼쳐진 한강.

"저길 보세요. 이 아파트 앞쪽이 한강 물줄기가 흘러나가는 자리예요. 이런 곳은 돈도, 건강도 물이 빠져나가듯 나가버려서 풍수에서는 '흉지'라고 한다면서요? 그걸 알고 나서부터 신경이 더 쓰이고 꺼림칙해서 이사라도 가야 하나 싶어요."

눈앞에서 완만한 곡선을 그리며 휘돌아나가는 한강의 푸른 물결. 말없이 창밖을 바라보던 그의 얼굴에 불안감이 다시 떠올랐다. 혹자는 그런 그에게 요즘 세상에 무슨 미신 같은 걸 믿느냐고, 마음이 약해져 잡생각이 드는 것이라고 말할지도 모른다. 그러나 분명한 것은 한강의 물살이 그의 불안, 우울과 공명해 마음속에 이미 어두운 '한강 효과'를 만들어버렸다는 사실이다.

"말씀하신 것처럼 이곳은 '물이 흘러나가는 자리'가 맞습니다. 풍수에서 물살과 바람이 거칠게 빠져나가는 곳은 사람의 재물과 정신도 함께 빠져나가는 살지처(殺地處)로 보는 경우가 많아요. 하지만 세상에 절대적인 악인은 없듯, 절대적으로 나쁘기만 한 터는 없습니다."

자연은 인간의 기준대로 좋은 것, 나쁜 것을 가리지 않는다. 저 강이 돈, 건강, 행운 같은 좋은 것들만 굳이 골라내 앗아간다는 것은 너무나 인간 중심적인 생각이다. 좋은 것이 나간다는 것은 나쁜 것 역시 나갈 수 있다는 말이다. 어쩌면 이 집은 보이지 않게 그런 역할 역시 해왔을지도 모른다. 또한 세찬 바람이 빠져나가는 곳은 때로는 다시 비상할 수 있는 공간이 되기도 한다. 강한 맞바람을 맞을 때 연이 하늘로 날아오르듯 마음을 다잡고 버티면, 나를 한 단계 성장시키는 수행의 집이 될 수 있다. 결국 동전의 양면 중 어느 쪽을 볼 것인지, 어느 쪽에 내 마음을 둘 것인지의 문제다.

그러나 그는 내 말이 도무지 이해가 되지 않는다며 물었다.

●

서울 용산구 한남동의 주택가 전경. 뒤로 남산이 있고 앞에 한강이 흐르는 배산임수
지형이다. 터의 힘을 발현시키기 위해서는 사람이 그 공간에 맞는 행동과 생각을 해야
한다.

"그렇다면 사람이 마음먹기에 따라 흉당도 명당이 된다는 말입니까? 저 같이 평범한 사람이 터의 기운을 바꾼다는 게 말이 됩니까?"

"물론 저 한강의 물길은 바꿀 수 없죠. 하지만 선생님이 살고 있는 집, 이 작은 공간만큼은 선생님의 힘으로 바꿀 수 있습니다. 그걸 아셔야 이 집의 근본적인 문제를 해결할 수 있어요. 외부 환경이 미치는 영향은 생각만큼 크지 않을 수도 있습니다."

그는 창 너머의 강에 시선을 빼앗긴 나머지 더 중요한 부분을 놓치고 있었다. 바로 그가 발 딛고, 매일 먹고 숨 쉬며 살고 있는 집이 '사람의 생기'를 잃어가고 있다는 사실이다. 그의 집은 깔끔했지만 왠지 온기가 느껴지지 않았다. 부부가 대화할 만한 공간은 식탁이 전부였다. 각방을 쓴 지 조금 된 듯, 서재 한쪽 구석에 급하게 개어놓은 듯한 이부자리가 보였고, 묘하게 어수선했다. 방 안 전체에 무겁게 내려앉은 공기는 단지 창에 쳐진 암막 커튼 때문만은 아닌 듯했다. 이 아파트에 사는 모든 사람이 그와 같은 힘겨움을 겪고 있는 것이 아니라면 이 집의 문제를 만든 것은 결국 사람, 이 집에 사는 사람일 것이다.

우리는 공간에 대해 이중적인 태도를 갖고 있다. 풍수를 믿는 그처럼 많은 사람이 공간이 가진 힘과 영향력을 절대화하고 수동적으로 받아들인다. 이는 '왕후장상의 터는 따로 있고 바뀌지 않는다'라는 생각으로 흐르기 쉽다. 과거 세도가들이 왕릉 주변에 사람이 살지 못하게 하고, 좋은 터를 찾기 위해 전국의 산천을 들쑤시고 다닌 것도 이 때문이다. 요즘에도 많은 사람이 사옥이나 중요한 건물을 지을 때 풍수 전문가에게 조언을 구하곤 한다. 가장 잘 알려진 예가 SK 사옥이다.

최태원 회장이 취임한 지 1년쯤 되었을 때 완공된 서린동 SK 사옥은 신령한 거북이가 물을 마시는 형상인 영구음수형(靈龜飮水形) 터로 유명하다. 이런 곳에 자리 잡으면 거북이처럼 장수를 누리고 부귀를 누릴 수 있다고 알려져 있다. 건물 안에도 거북이를 형상화하는 문양들을 배치해 이 건물의 풍수적 상징성을 더욱 강조했다. 그 덕분인지 SK 주가는 상장 후 지금까지 10배 넘게 성장했고, 사세도 크게 확장됐다. 그러나 이런 대단한 명당도 다가오는 불행을 완전히 막을 수는 없었던 모양이다. 회장이 여러 번 구속되고 스캔들에 휩싸이는 등 풍파 역시 끊이지 않았다. 좋은 일만 일어나야 할 대표적인 명당에서 왜 이런 반흉반복(半凶半福)의 사건이 번갈아 일어난 것일까?

고전에서 말하는 명당은 그곳을 차지하는 순간 모든 게 결정지어질 것 같지만 실상은 그렇지 않다. 터의 힘을 발현시키기 위해서는 사람 역시 그 공간에 맞는 행동과 생각을 해야 한다. 아무리 땅이 좋아도 기온과 습도 등 또 다른 조건이 맞지 않으면 싹을 틔울 수 없는 것과 같은 이치다.

　대부분의 사람들은 집터, 입지 등 조금 더 거시적인 영역에서 공간을 대할 때 의존적이고 기복적인 모습을 보인다. 하지만 나와 가족이 살고 있는 '집 안'을 대할 때는 정반대의 모습을 보인다. 일단 공간이 그 자체로 에너지와 생명력을 가졌다는 명제는 사라진다. 우리에게 집은 그저 깔끔하게 관리하고 잘 먹고 잘 쉬는 공간, 이왕이면 트렌드에 뒤처지지 않게 가끔씩 인테리어를 바꿔줄 대상일 뿐이다. 집 안의 모든 구조물을 내가 마음대로 다루고 없앨 수 있는 콘크리트 덩어리로만 보고 있는 것이다.

　자연이 만들어낸 터의 기운과 생명력을 인정한다면 인간이 만든 집이라는 또 다른 형태의 '자연'도 살아 있는 생물처럼 자신만의 기운과 힘을 가질 수 있다고 보는 게 타당하지 않을까. 그렇다면 '집이라는 공간을 좌우하는 가장 큰 에너지는 과연 무엇인가'라는 문제가 남는다. 나는 그곳에 사는 '사람'이라고 생각한다. 살아 있는 인간이 만들어내는 삶의 에너지는 우리가 상상하는 것 이상으로 공간에 큰 영향을 미친다.

유령 DNA가
공간의 에너지를 바꾼다

———

1990년대 초, 러시아의 한 과학자가 독특한 실험을 했다. 블라디미르 포포닌 박사의 '유령 DNA' 실험이 바로 그것이다. 그는 진공 상태에서 빛의 패턴을 측정하는 장치를 개발했다. 먼저 아무것도 없는 진공 상태의 공간에 레이저를 비췄다. 당연히 어떤 반응도 나타나지 않았다. 다음에는 DNA 샘플을 넣고 레이저를 비췄다. DNA와 만난 레이저는 일정한 패턴의 무늬를 만들어냈다. 놀라운 것은 그다음이다.

DNA 샘플을 제거한 뒤, 다시 그 빈 공간에 레이저 광선을 비췄을 때 어떤 일이 일어났을까? 과학자들은 당연히 어떤 패턴도 나타나지 않을 것이라고 확신했다. 하지만 놀랍게도 처음과는 다른 독특한 패턴이 나타났다. 심지어 그 패턴은 아무것도 없는 진공 상태에서 몇 주 동안이나 남아 있었다. DNA

샘플의 자취가 마치 유령처럼 그곳에 남아 공간에 영향을 미친 것이다. 포포닌 박사는 이런 현상에 '유령 DNA 효과'라는 이름을 붙였다.

믿기지 않는 이야기 같겠지만 사실 이런 현상은 우리 역시 일상적으로 접하고 있다. 돌아가신 지 얼마 안 된 부모님의 집에 들어선 순간, 그분의 기척을 느낀 것만 같은 착각, 학자의 연구실에 들어서면 평소에는 쳐다보지도 않던 책에 손길이 가고 심지어 잘 읽히는 것 같은 기분, 예배당이나 법당에 들어서는 순간, 알 수 없는 고요함과 잔잔한 평화가 가슴 밑바닥부터 차오르는 느낌 등 우리가 보통 '분위기'라고 통칭하는 것들이 어쩌면 유령 DNA의 작용인지도 모른다. 그곳에서 생활하고, 공부하고, 기도하던 수많은 사람이 남긴 흔적이 그 공간을 그렇게 만든 것이다.

스페인으로 여행을 다녀온 한 지인이 '가우디 성당'이라 불리는 사그라다 파밀리아 성당에서의 색다른 경험담을 들려준 적이 있다.

"준비 없이 떠난 여행이라 아무 배경지식도 없었어요. 그냥 성당에 들어가 혼자 앉아 있었는데, 이유 없이 눈물이 줄줄 흘러서 깜짝 놀랐어요. 저는 천주교 신자도 아닌데 말이죠."

지인의 이야기를 들은 지 얼마 되지 않아 우연히 TV 채널을 돌리다가 비슷한 장면을 목격했다. 몇 명의 연예인이 스페인 여행을 하는 프로그램이었는데, 한 여배우가 가우디 성당에서 눈물을 흘리는 것이 아닌가. 그녀 역시 자신이 왜 눈물을 흘리는지 모르겠다며 당황스러워했다. 머리가 채 이해하기도 전에 무엇인가가 마음을 먼저 움직이고 몸이 반응하게 만든 것이다. 그것은 단지 눈에 보이는 아름다운 스테인드글라스와 웅장한 기둥 때문만은 아니었을 것이다. 눈에 보이지는 않지만 100년 넘게 그 공간에 켜켜이 쌓인 사람들의 절실한 기도와 신앙심, 축복과 위로의 DNA가 마음을 정화시키고 감동을 주었던 것은 아닐까.

그렇다면 똑같은 이유로 앞서 소개한 사례도 설명할 수 있다. 그가 집에만 오면 몸과 마음이 더 힘들어지고 깊은 우울감을 느꼈던 것은 기분 탓도, 창밖의 한강 탓도 아니다. 지난 3년간 스스로가 집 안에서 뱉어냈던 탄식과 분노, 무기력한 말들과 행동이 쌓여 집 안의 공기를 어둡게 바꾸고 그의 몸과 마음에도 영향을 미친 것이다.

누가 사느냐에 따라
터의 운명이 결정된다

공간은 그곳에 사는 사람이 어떤 의미를 부여하고 그곳에서 어떤 일을 하고 어떤 감정을 발산하느냐에 따라 기운을 변화시킨다. 나는 그것을 '공간가소성(Space plasticity)'이라 부른다. 반복적인 신체 행동이나 정신적인 활동에 의해 두뇌의 신경로가 바뀌는 것을 뇌과학에서는 '신경가소성(Neuro plasticity)'이라고 한다. 많은 사람이 뇌는 일정 나이가 지나면 굳어버리고 고정된다고 믿지만 사실 반복되는 생각과 행동으로 변화하고 성장할 수 있다. 이는 공간도 마찬가지다.

공(空)이라는 한자에서 위에 쓰인 혈(穴)은 광구와 광구를 받쳐놓은 지지대의 모양을 본뜬 글자다. 아래의 공(工)은 장인들이 쓰던 연장을 상형한다. 광구와 연장을 그려놓았으니 공은 '비어 있다'라는 상태적 표현이 아닌, '지금은 아무것도 없지만 곧 하나씩 채굴해나갈 것임'을 암시하는 동태적 표현이 된다. 그러니 공간(空間)은 텅 비어 있는 무(無)의 상태가 아니다. 무엇인가로 이미 가득 차 있지만 내가 알지 못하고 찾아내지 못해 비워져 있는 가능성의 영역이다.

실제로 일상에서 이런 공간가소성을 목격할 수 있다. 줄줄이 망하던 가게가 주인이 바뀐 뒤 갑자기 대박집이 되기도 하고, 보잘것없던 반지하가 유명 기업의 산실이 되기도 한다. 공간도 그곳에 깃드는 사람의 에너지에 따라 얼마든지 진화하고 성장할 수 있다. 물론, 본래 그 공간이 갖고 있던 에너지 역시 무시할 수 없다. 새로 들어간 사람과 공간이 충돌을 일으키는 경우도 있다. 그러나 처음에 나와 맞지 않는 듯한 집이라 해도 내가 어떻게 가꾸고 어떤 파장을 일으키느냐에 따라 사람을 살리는 집, 생지처(生地處)로 거듭날 수 있다.

그것이 내가 궁극적으로 말하고 싶은 스페이스로지(Spacelogy), 즉 '공간을 다루는 기술'이다. 이는 내가 몸담고 있는 집을 '나와 가족을 돕고, 몸과 마음을 치유시키는 명당'으로 만드는 법이다. 배산임수(背山臨水)나 금계포란(金鷄抱卵, 금빛 찬란한 닭이 알을 품은 자세)의 입지가 아니어도 괜찮다. 집의 평수나 가격은 전혀 중요하지 않다. 반지하 원룸이든, 100평짜리 주상복합이든 명당으로서의 자격과 가능성은 똑같다. 스페이스로지는 눈에 보이는 물리적 공간이 아닌 보이지 않는 제2의 공간, '정서적 공간'에 대한 기술이기 때문이다.

식품전문가 최낙언의 저서《맛의 원리》에 의하면 식품의 98퍼센트는 무색, 무미, 무취의 성분으로 이루어져 있다. 0.1퍼센트도 안 되는 향과 0.01퍼센트의 색, 단맛을 제외한 2퍼센트의 맛 성분만이 우리가 맛을 느끼는 실제 성분이라는 것이다. 하지만 그렇다고 해서 98퍼센트의 성분이 무의미하다는 것은 아니다. 그 98퍼센트가 바탕이 되어주기 때문에 2퍼센트의 성분에서 수만 가지 맛이 나는 것이다.

우리가 사용하는 공간도 마찬가지다. 벽에 바른 벽지나 페인트, 가구와 가전제품 등이 공간을 만드는 전부일 것 같지만 그런 것들은 공간을 구획하는 벽과 바닥, 거기에 얹혀진 작은 소품일 뿐이다. 공간의 에너지를 결정하는 것은 2퍼센트의 보이는 인테리어가 아니라 98퍼센트의 보이지 않는 유령 DNA 영역이라고 봐야 한다. 만약 공간의 에너지를 그대로 투시할 수 있는 놀라운 안경이 있다고 상상해보자. 그 안경을 끼고 바라보는 내 집의 모습은 물리적인 공간과는 전혀 다른 모습일 수 있다.

슬픔과 분노를 해소할
'정서적 화장실'을 마련하라

우리의 공간은 대부분 크든 작든 침실과 거실, 주방, 화장실로 구성되어 있다. 기능과 편의 위주의 공간 배치다. 그러나 꼭 침실이라 해서 편안함을 느끼는 것도, 거실이라 해서 가족 간의 대화가 활발히 오가는 것도 아니다. 그 공간의 기능이 사람의 행동을 어느 정도 유도하긴 하지만 감정과 정서까지 완전히 지배하지는 못한다. 오히려 집주인의 마음 상태에 따라 정서적 공간이 결정된다.

한강 변의 그 집은 정서적 공간이라는 관점에서 봤을 때 공간의 구분이 거의 없는 '원룸'과도 같았다. 그가 주로 머무는 서재는 물론, 거실, 주방 할 것 없이 집 안 곳곳이 우울과 불안이라는 정서 하나로 어지럽혀져 있었다. 사실 이는 현대를 살아가는 우리 모두가 가진 공간의 문제이기도 하다.

일상에 지친 사람들에게 집은 그저 먹고, 자고, 쉬는 곳일 뿐이다. 그래서 거실에서도, 방에서도, 식탁에서도 비슷한 행동을 하고 비슷한 감정을 쏟아낸다. 현실 속의 골치 아픈 일을 잠시 잊기 위해 휴대폰 속으로 도피하거나 멍하니 TV를 보거나 답답한 현실에 한숨을 내쉰다. 아무리 넓고 방이 많은 집이라도 그 공간을 채우고 있는 감정의 색깔은 대부분 비슷하다. 보이지 않는 에너지 측면에서 보면 공간이 질서 없이 뒤섞여 있는 것이다. 때문에 많은 집이 명당도, 흉당도 아닌 나름의 아슬아슬한 균형을 유지하고 있는지도 모른다. 그러나 마음이 우울이나 불안 같은 방향으로 기울어버리면 정서적 공간 역시 마음을 닮아버리게 된다.

이런 악순환을 끊고 내 집을 조금 더 적극적으로 나를 살리고 도와주는 공간으로 창조하고 싶다면 어떻게 해야 할까. 먼저 '공간에 의미를 부여하는 기술'을 익혀야 한다. 예를 들면 '반성 의자' 같은 것이다. 한 의자에 '아이가 자신의 잘못을 생각하고 뉘우칠 시간을 주는 의자'라는 의미를 부여하면 평범했던 그 의자는 아이와 부모 모두에게 특별한 영향력을 발휘하기 시작한다. 반성과 용서를 만드는 상징적 공간이 되는 것이다.

이처럼 우리는 집의 특정한 장소에 나만의 의미를 부여함으로써 완전히 다른 정서적 공간을 만들 수 있다. 특히나 우울

●

서재를 다실로 꾸민 한 가정집의 실내. 생기가 없는 집이라면 가족과 대화를 늘려갈 수
있는 별도의 공간을 만들어보길 제안한다.

증이 있거나 마음이 힘든 사람들에게 꼭 필요한 공간이 바로 '정서적 화장실'이다. 통곡의 벽을 찾는 순례자처럼 켜켜이 쌓인 슬픔을 쏟아낼 공간을 만드는 것이다. 집 안에 특정한 장소를 정해놓고 그곳에서만 슬퍼하기로 자신과 약속하고 화장실에서만 볼일을 보듯, 정서적 화장실에서만 부정적인 감정을 쏟아내는 것이다.

한 지인은 한동안 사춘기 아들과 극심한 갈등을 겪었다. 방황하던 아들이 자퇴를 선언하자 그녀의 인내심도 한계를 드러냈다. 아들 못지않게 그녀도 한동안 우울증에 시달렸지만 다행히 그녀는 끝까지 자신도, 아들도 포기하지 않았다. 그녀가 아들과의 관계 회복을 위해 가장 먼저 한 일은 안방 베란다에 정서적 화장실을 만든 것이었다. 아들에게 분노와 원망을 쏟아내지 않기 위해 아들 앞에서는 최대한 평정심을 유지하고 풀리지 않는 감정은 안방 베란다에서만 쏟아냈다. 그렇게 감정이 북받칠 때마다 베란다에서 소리 지르고 눈물을 흘리고 나면 다시 아들 앞에서 미소 지을 수 있었다고 한다. 현명한 엄마 덕에 다행히 아들은 긴 방황을 끝냈고, 모자는 둘도 없는 인생의 파트너가 됐다.

작은 다탁이 만들어낸
치유의 명당

———

스페이스로지의 기본은 내 상황에 맞게 정서적 공간을 구획하는 것이다. 질서 없이 혼재되어 있던 공간을 내가 부여한 의미대로 새롭게 배치하고, 분리해야 할 것들은 따로 두는 것이다. 이를 잘 실천하면 집은 단순히 몸을 쉬게 해서 얻는 수동적 의미의 재충전이 아닌, 내가 직접 코드를 꽂고 원하는 만큼의 에너지를 얻는 적극적 충전의 장소가 될 수 있다.

몇 년 전부터 알고 지낸 직장인 A 씨는 소문난 워커홀릭이었다. 일이 없으면 굳이 찾아서라도 했고, 주말에 쉬는 것을 불편하게 생각했다. 그러다 보니 몸은 늘 피곤에 젖어 있었고, 마음은 언제나 불안으로 요동쳤다. 그녀에게 무엇보다 절실한 것은 치유와 휴식이었다.

어느 날, 그녀가 처음으로 자신의 집에 나를 초대했다. 방

하나, 거실 하나가 있는 아담한 집이었는데, 예상대로 그녀를 닮아 있었다. 특별한 명당도, 흉당도 아니었지만 A 씨처럼 기운이 산만하고 피곤했다. 그녀 역시 좁은 집이 불만이라며 빨리 이사하고 싶다는 말을 자주 했다.

그런데 1년 뒤에 다시 찾은 그녀의 집은 놀랍게도 확연히 달라져 있었다. 들떠 있던 기운이 차분해지고 집 안 전체에 생기가 가득했다. 그 변화를 일으킨 것은 바로 작은 다탁(茶卓)이었다. A 씨가 주방과 연결된 거실 한쪽을 책장으로 분리해 그 안에 아담한 다실(茶室)을 마련한 것이다.

"선생님 댁에서 차를 마실 때마다 몸과 마음이 치유되고 충전되는 느낌이 너무 좋았어요. 그래서 저도 흉내를 내봤는데, 효과가 있었어요. 다실에 있는 동안은 휴대폰을 내려놓고 차를 마시며 저 자신과 대화하는 연습을 했어요. 그랬더니 정말 피로도 풀리고 불안감이 서서히 사라지더라고요. 다실을 만든 후부터 신기하게 공간의 느낌이 풍성해지면서 예전처럼 좁다는 생각도 별로 들지 않아요."

환하게 웃는 그녀를 보며 문득 그녀가 12평짜리 작은 공간에 자신만의 가우디 성당을 세웠다는 생각이 들었다. 삶의 고단함을 위로하고 치유하는 공간, 자신에게 최적화된 명당을 그녀 스스로 창조해낸 것이다.

창밖의 강물은 여전히 굽이쳐 흐르고 있었다. 한강 변의 집

●

다탁. 마음이 불안하다면 삶의 고단함을 위로해주는 자신만의 정서적 공간을
만들어보는 것은 어떨까.

에서 나는 오랜 시간 그와 마주앉아 공간에 대한 다양한 대화를 나누었다. 처음에 그는 스페이스로지를 이해하지 못했지만, 시간이 지날수록 이런저런 생각에 잠기는 듯했다.

"실패의 기억과 에너지로 가득한 집은 떠나는 것도 나쁘지 않습니다. 그러나 제가 볼 때 선생님은 새로 이사한 집에서도 단점을 찾아낼 가능성이 커요. 선생님 자신이 바뀌지 않는 한, 이런 일은 얼마든지 반복될 수 있습니다."

은퇴라는 큰 변화를 겪었다면 가장 익숙한 공간에서 변화의 적응 기간을 갖는 것이 좋다. 편안하게 기댈 곳이 없으면 사람은 다급한 마음에 엉뚱한 선택을 하게 되고 무리수를 두게된다. 그리고 그 선택은 고구마 줄기처럼 줄줄이 어긋난 선택을 하게 만든다. 그럴 때 사람들은 본능적으로 자신의 고통을 투사할 대상을 찾는다. 비록 그것이 완전한 진실이 아닐지라도 말이다.

결국 그는 이사 대신 다른 선택을 했다. 그는 창업을 준비하는 청년들에게 무료 컨설팅을 해주고 있다며 한결 밝아진 목소리로 자신의 소식을 전했다. 우울함과 분노를 토해내는 것밖에 할 일이 없던 그의 공간. 그곳에서 그는 어느새 거친 물살에도 떠내려가지 않는 법을 알게 된 것이다.

2

·

이사는
또 다른
운명 속으로
들어가는 일

좋은 집보다
병든 집을 피하는 게 중요하다

지난해 봄, 나는 제법 따뜻해진 햇살을 받으며 낯선 동네를 걷고 있었다. 골목길을 따라 수없이 걷고 또 걸었지만 찾는 집은 도무지 나타나지 않았다. 생전 처음 온 거리를 떠돈 것은 순전히 이 작가 때문이었다. 집필실 겸 사무실로 쓸 집을 함께 찾아달라는 그의 부탁을 받은 것이다. 함께 공부한 인연 때문에 거절을 하지 못한 나는 그렇게 몇 시간째 같은 동네를 배회했다. 슬슬 다리가 아파올 무렵, 이 동네 토박이라는 부동산 사장이 골목 끝의, 유난히 담장이 높은 단독 주택 앞에 멈춰 섰다.

"이 집은 꼭 보셔야 합니다. 리모델링한 지 얼마 안 된 집인데, 사모님이 미술관 관장이라서 유명 디자이너를 불러다 고급 자재로 집을 고쳤죠. 보시다시피 이 동네 다른 집들과는 차원이 다릅니다."

부동산 사장의 말처럼 그 집은 겉과 속 모두 호화롭기 그지 없었다. 창틀, 문, 바닥재 등이 모두 최고급이었고, 가구 등의 인테리어도 화려했다. 물론 집값은 상당했지만 주변 시세나 집에 투자한 비용에 비하면 저렴하게 느껴질 정도였다. 이 작가도 그 집이 마음에 들었는지 차에 타자마자 들뜬 표정으로 물었다.

"선생님이 보기엔 어때요? 나는 이 집이 제일 나은 것 같은데. 리모델링한 지 얼마 되지 않아서 고칠 데도 없고, 담장이 높아서 사생활 보장도 잘 될 것 같아요."

그의 마음은 충분히 이해가 됐다. 교통도, 학군도 좋은 동네라 투자 가치도 충분해 보였다. 게다가 고급스러운 디자인까지 갖췄으니 재력만 있다면 누구나 사고 싶어 할 집이었다. 하지만 나는 그 집이 괜찮다는 말을 도저히 할 수 없었다.

"제가 지난번 집에 대해 한 말, 혹시 기억하십니까? '순환이 안 되는 집'이라고 했었죠. 이번에도 작가님은 비슷한 집을 고르고 있어요. 게다가 이 집은 밸런스마저 깨져 있습니다. 한마디로 '병든 집'일 가능성이 큽니다."

힘들 때 이사하면
십중팔구 안 좋은 집을 택한다

이 작가의 이전 집은 한강 변에 위치한 고급 아파트 1층이었다. 이사한 지 얼마 되지 않아 그의 집에 처음 초대받아 갔을 때였다. 현관에 들어서자마자 무거운 공기가 온몸을 누르는 듯했다. 약간 무겁고 안정된 느낌이 아파트 1층의 특성이긴 하지만 그의 집은 유난히 그 정도가 심했다. 안정되다 못해 답답하고 정체된 느낌이 강하게 들었다. 실제로 거실에 피워둔 향초를 보니 촛불의 흔들림이라곤 전혀 없었다. 창가의 화초들은 이미 시들어버린 상태였다. 전형적인 '순환이 안 되는 집'이었다. 만약 이사하기 전에 이 작가가 내게 조언을 구했다면 고개를 저었을 집이었다. 그러나 당시에는 "순환이 안 되는 것 같으니 작은 실내 분수라도 두는 게 좋을 것 같습니다" 정도의 조언밖에 할 수 없었다. 이미 이사 온 사람에게 굳이 새집의 문제점을 이야기할 필요가 없었을 뿐 아니라 이 작가 본인도 힘겨운 시기를 보내고 있었기 때문이다. 제법 유명한 작가였던 그는 그 무렵, 믿었던 사람에게 배신당하고, 출판계에서 여러 가지 구설수에 오르는 등 많은 상처를 받았다. 그 바람에 급작스레 계획에도 없던 이사를 한 것이다.

　누구나 힘든 시절을 맞을 때가 있다. 갑자기 몸이 아프기도 하고, 일이 잘 풀리지 않기도 하고, 금전적으로 큰 손실을 보기도 한다. 그럴 때 '지금 사는 터가 안 좋다'라는 이유로 혹은 심기일전을 이유로 이사를 하는 사람이 많다. 그런데 안타까운 것은 그럴 때 이사를 하면 십중팔구 안 좋은 집을 선택한다는 것이다. 답답한 인간관계, 문제 있는 투자를 결정했던 선택의 패턴이 집을 고를 때도 똑같이 적용되기 때문이다. 우리의 선택에도 자기유사성을 반복하는 일종의 '프랙탈(fractal)'이 존재하는 셈이다. 때문에 이사는 가장 안정적이고 상승세일 때 하는 것이 좋다. 아니면 그런 사람에게 조언을 구하거나 전문가에게 맡기는 것도 방법이다. 그러나 지금까지의 경험으로 볼 때 이미 '실패의 자기 복제'를 하고 있는 사람은 누군가의 조언을 받아들이지 않는 경우가 많다. 그만큼 자신의 패턴을 깨는 것은 쉽지 않다. 지난번 집을 구했을 때도 좋지 않은 선택을 했던 이 작가는 이번에도 비슷한 실수를 반복하고 있었다.

　"저 집이 어딜 봐서 병든 집이라는 건지 이해가 안 되네요.

햇볕도 잘 들고, 깨끗하고, 집도 잘 고쳤잖아요."

"지금은 그렇게 보이지만 막상 들어가면 이전 집과 비슷한 느낌이 들 거예요. 평수는 더 넓지만 마치 고인 연못에 갇힌 듯한 답답함 때문에 몸도, 마음도 힘들 수 있습니다. 집 내부의 공기와 에너지가 제대로 순환되지 않고 있어요. 게다가 저 집은 주변과의 밸런스도 깨져 있습니다. 이 동네는 성북동이나 평창동 같은 전통적인 부촌이 아니에요. 평생 소박하게 살아온 주민들이 대부분인 곳에서 높은 담장과 부를 뽐내는 듯한 집의 외관이 밸런스를 무너뜨리고 있어요. 한마디로 안도, 밖도 꽉 막힌 '불통의 집'인 셈이죠."

높은 담장이나 눈에 띄는 외관 자체가 문제라는 것이 아니었다. 비슷한 집들이 즐비한 부촌에 있었다면 자연스러웠을 집이었지만 이곳에서는 부동산 사장의 말처럼 '차원이 다른 집'이었다. 가끔 시골길에서 주변 풍경과 전혀 어울리지 않는 화려한 전원주택을 발견할 때가 있다. 한눈에 보아도 확연한 이질감이 느껴지는 집들은 도무지 주변 풍경에 녹아들지 않는다. 그런 공간에 들어가면 누구라도 '나는 이곳 사람들과는 다르다'라는 정서가 생길 수 있다. 공간이 마음의 허세를 만들고 그것이 다시 현실과의 괴리감을 만들어 주변 사람들과 어울리지 못하고 스스로를 고립시키는 것이다.

실제로 내 주변에도 전원주택을 짓고 귀촌했지만 도시에서 살던 방식을 고집하다 적응에 실패하고 몸도, 마음도 피폐해진 채 돌아온 사람이 적지 않다. 나 자신과의 밸런스, 주변 사람들과의 밸런스가 깨진 공간은 결코 건강할 수 없다. 나는 이런 부조화의 집을 '병든 집'이라 부른다.

풍수에서 병든 집은 대문으로 황천살(黃泉殺)이 들거나 귀문방(鬼門方)이 지저분한 집 등으로 표현된다. 패가망신한다는 황천살이나 귀신이 드나든다는 귀문방 같은 이름은 '방향'과 밀접한 관련이 있다. 방향에 대한 두려움은 계절에 따라 바뀌는 환경의 주기적인 변화에서 기인했을 가능성이 크다. 과거 농경 시대에는 난방과 방풍이 제대로 되지 않아 서늘해지기 시작하는 가을부터의 바람을 살기(殺氣)로 여겼다. 때문에 최대한 바람을 막고 외기로부터 사람을 보호하는 것이 집의 첫 번째 목적이었다. 그러나 문명의 발달로 바람에서 자유로워진 오늘날에는 주변과 소통이 되지 않고 밀폐된 집이 그곳에 사는 사람을 병들게 한다. 과거에는 주변의 자연과 조화를 이루지 못했을 때 집이 병들었지만 현대에는 주변 사람들과 통하지 못할 때 병이 드는 것이다.

걷는 길만 바뀌어도
삶의 질이 달라진다

병든 집의 대표적인 예가 바로 청와대다. 2017년, 박근혜 전 대통령 탄핵 과정에서 적나라하게 드러났듯 청와대는 '불통의 상징'과도 같은 곳이다. 권위주의 시대에 건축된 청와대는 본관에서도 가장 접근성이 떨어진 2층 깊숙한 곳에 대통령의 집무실을 두고 비서동과는 500미터의 거리를 두어 외부인의 접근을 차단했다. 관저 역시 500미터 떨어진 곳에 있어 아무도 대통령의 사생활을 알 수 없게 만들었다. 반면 미국 백악관은 관저와 집무실까지 45초밖에 걸리지 않는다. 청와대와 같은 고립된 구조는 그곳에 사는 사람들의 마음 역시 소통 불능의 상태로 만들기 쉽다. 결국 그 공간은 대한민국 전체를 병들게 한 적폐의 온상이 되고 말았다.

국내 최고층 빌딩인 L타워도 마찬가지다. 도시 한가운데에

●

서울 마포구 연남동의 '연트럴파크'. 번잡한 곳에서 하루 종일 시달리는 사람에게는
나무와 잔디가 있는 작은 공원이 위안을 줄 수 있다.

난데없이 우뚝 솟아 있는 이 빌딩은 첫 삽을 뜨기 전부터 수많은 구설과 반대에 부딪쳤지만 끝까지 밀어붙여 결국 123층 높이로 완공되었다. 그후 L그룹은 그 불통의 높이만큼 창사 이래 최악의 위기를 겪고 있다. 주변을 리드하는 상생보다는 홀로 우뚝 서겠다는 열망이 지어낸 초호화 빌딩은 L그룹의 위기를 보여주는 상징이 되어버렸다.

"이사할 때 좋은 집을 고르는 것보다 더 중요한 것은 '병든 집'을 피하는 겁니다. 사회가 각박하고 이기적으로 변할수록 아프고 힘든 집이 많아질 수밖에 없어요. 작가님도 힘든 집에서 한동안 고생했으니 이제는 좀 더 나은 집으로 가야 하지 않겠습니까?"

잠시 생각에 잠겼던 그가 마침내 고개를 끄덕였다. 문단에서도 한 고집하기로 유명한 이 작가의 포기는 생각보다 빨랐다. 그리고 며칠 후, 나는 그와 함께 다른 길을 걷기 시작했다. "가고 싶은 집에 못 가게 막았으니 끝까지 책임져야 한다"라는 말에 반박도 하지 못한 채 또다시 고난의 행군을 시작한 것이다.

마포구에 위치한 연남동. 요즘 한창 뜨고 있다는 일명 '연트럴파크' 공원 길을 따라 느리게 걸었다. 걸으면 걸을수록 땅 밑에서 중심을 잡아주는 듯한 안정감과 따뜻한 느낌에 저절로 기분이 좋아졌다. 같이 걷던 이 작가도 "오랜만에 나무와 풀들을 보니 머리가 맑아지는 것 같다"며 밝게 웃었다. 그때 길옆에 자리한 아담한 초콜릿 전문점이 눈에 들어왔다. 평소에 이 작가가 워낙 초콜릿을 좋아해 따뜻한 초콜릿 음료를 주문했는데, 그 맛이 또 기가 막혔다.

"제가 먹어본 초콜릿 중에 가장 맛있는데요? 여기에 있는 메뉴를 하나씩 다 먹어보려면 자주 와야겠어요."

"작가님에게는 공원과 초콜릿 가게가 있는 이 길이 명당이군요. 도시의 명당이라는 것이 별다른 게 아니에요. 보기만 해도 마음을 움직여 설레게 하고, 몸을 맑게 해주는 공간이 있는 곳이 바로 명당이죠. 이제 목적지에 거의 다 온 것 같네요."

그리고 그날 오후, 마침내 우리는 그의 새로운 집과 만났다. 공원에서 가까운 골목길의 아담하고 조용한 이층집이 새 주인을 기다리고 있었다. 요즘 그는 매일 아침 그 공원 길을 걸으며 출근하고, 글이 잘 써지지 않거나 기분 전환이 필요하면 초콜릿 가게에 간다고 한다. 이 작가는 자주 걷는 길이 바뀐 것만으로도 삶의 질이 몇 단계는 높아진 것 같다며 매우 만족스러워했다.

신경건축학자 에스더 M. 스턴버그는 자신의 저서 《공간이 마음을 살린다》에서 미로와 미궁에 대해 색다른 해석을 내놓았다. 미로는 여러 갈래의 길이 복잡하게 얽혀져 있어 매 갈림길마다 나갈 방향을 선택해야 한다. 높은 담으로 둘러싸인 길은 선택의 순간마다 극도의 스트레스를 줄 수밖에 없다. 반면 미궁은 들어가는 길과 나오는 길이 하나로 연결되어 있어 길을 따라 걷다 보면 다시 출발한 곳으로 도착하게 된다. 때문에 미궁에서 사람들은 오히려 깊은 평온과 휴식을 통한 즐거움을 느낀다.

길이 명당이 되는 시대,
집만 보지 말고 길도 봐라

———

매일 아침 집에서 출발해 다시 집으로 돌아오는 길. 그 길이 미로가 되느냐, 미궁이 되느냐는 내가 길을 걸으며 관심을 두거나 주의를 끌 만한 것들이 있느냐로 결정된다. 똑같은 길이라도 호감을 가질 만한 것들이 군데군데에 있는 길은 설레고 즐거운 마음이 들게 한다.

번잡하고 시끄러운 곳에서 하루 종일 시달리는 사람에게는 나무와 잔디가 있는 작은 공원이 위안을 줄 수 있고, 홀로 사는 여성에게는 서로 얼굴을 익힐 수 있는 상점이나 경찰서 같이 안전을 담보할 수 있는 곳이 위안을 줄 수 있다. 이 작가처럼 창의적인 일을 하는 사람에게는 유행에 민감하고 유니크한 제품이 많은 연남동의 소규모 상점들이 중요한 거점이 될 수 있다. 초콜릿 가게든, 수제화 가게든 그 옆을 지날 때마다 어떤 새로운 제품이 나왔나 상상하며 기대하게 되는 곳. 그 공간에서만큼은 나를 괴롭혔던 일들을 잊고 새로운 활력과 영감을 얻을 수 있다. 반대로 그런 것들이 없는 길은 미로와 같다. 관심을 둘 만한 것이 없으니 길을 제외한 어떤 것도 보이지 않는다. 주위 사람들이 언제나 낯설고 불안한 존재일 뿐이라면 길을 걷는 것 자체가 스트레스가 될 수 있다.

때문에 집으로 드나드는 길은 미로가 아닌 미궁이어야 한다. 그러기 위해서는 보이고 들려야 한다. 저곳이 무엇을 하는 곳인지, 어떤 소리와 냄새가 나는 곳인지 알 수 있을 정도로 충분히 애정을 가질 수 있는 곳이어야 한다. 그런 곳들이 모여 있는 길이 나를 쉬게 하고 평화롭게 해주는 명당이 되는 것이다. 그래서 나는 사람들이 '어떤 집을 선택해야 하느냐'라고 물을 때마다 집만 보지 말고 그 집으로 오가는 길을 함께 보라고 충고한다.

벌써 3년째 아침마다 왕복 1시간이 걸리는 아이의 통학이 즐거운 이유도 길 때문이다. 집이 있는 정릉에서 아이의 학교가 있는 서대문까지는 그야말로 서울의 요지를 두루 거치는 최적의 코스다. 갈 때는 예기(藝氣) 넘치는 평창동과 인왕산을 지나고, 올 때는 광화문과 가회동을 거쳐 재기(財氣) 넘치는 성북동 길을 지난다. 궁이 들어선 최고의 명당과 부촌의 길들을 매일 아침마다 맞이하는 것이다. 복잡한 출근 시간에도 한적

●

지날 때마다 호흡이 편안해지는 아이의 인왕산 통학 길. 길 자체가 명당이다.

한 이 길을 따라갈 때면 엉킨 생각들이 정리되고 긴장으로 짧아졌던 호흡이 편안해지는 것이 느껴진다. 아이는 인왕산 호랑이상을 지날 때마다 반갑게 인사하며 자신의 소원을 말한다. 봄이면 산길로 꽃비가 내리고, 가을이면 단풍이 아름답게 물든다. 비록 내가 좋은 곳에 살지는 못해도 그 길을 지나는 것만으로도 명당에 살고 있는 듯한 기분이 든다.

휴식을 원한다면 나를 설레게 하는 것들과 길을 공유하고, 돈을 벌고 싶다면 부자들의 길을 공유해야 한다. 공부를 잘하고 싶다면 좋은 대학, 큰 도서관이 있는 길을 찾아 우수한 학생들이 만들어놓은 길의 DNA에 공명해야 한다. 언젠가는 그 길이 내 마음에도 같은 길을 내줄 것이다.

과거에는 성북동이나 대치동 같은 특정한 지역이 현대적 의미의 부촌이자 명당이었다. 그러나 지금은 '길이 명당이 되는 시대'다. 경리단길, 가로수길, 망리단길처럼 길이 먼저 유명해진 뒤 그 지역의 가치가 동반 상승하는 경우가 적지 많다. 그러니 마음에 드는 터를 찾지 못했거나 명당이라 불리는 지역으로 갈 수 있는 형편이 안 된다 해도 실망할 필요 없다. 아직도 도시 골목골목에 나만의 길, 나만의 명당이 숨어 있을지 모르니까.

이사할 때는
함부로 고치지 않은 집을 골라라

———

우리가 이사할 때 반드시 눈여겨봐야 할 또 한 가지는 바로 사람이다. 집이라는 한정적인 공간의 에너지를 가장 크게 좌우하는 것은 그곳에 살고 있는 사람이기 때문이다. 심지어 사람이 떠나도 공간에는 한동안 그가 남겨놓은 자취, 유령 DNA가 남아 크든 작든 영향을 끼친다. 몇 년 전에 한 신혼부부가 이런 이야기를 들려준 적이 있다.

"집값이 너무 올라 피치 못하게 반지하에서 신접살림을 차리게 됐어요. 전당포를 하던 곳이라 그런지 구조가 특이했죠. 바닥엔 대리석이 깔려 있고 거실 대신 복도처럼 생긴 통로를 중심으로 좌우에 방이 있었어요. 세탁실로 가려면 좌측에 있는 방을 지나야 했는데, 이상하게 그 방은 늘 불안하고 서늘한 느낌이 감돌았어요. 어느 날 그 방에 손님이 묵었어요. 그런데

잠을 못 주무셨다며 저와 비슷한 느낌을 받았다고 하시더라고
요."

알고 보니 그 방은 전당포였을 때 금고가 놓여 있던 자리였
다. 사람들은 경제적 위기에 몰려 절실한 마음으로 전당포를
찾았을 것이다. 그중에서도 금고가 있던 방은 절망과 좌절, 불
안이 묻어 있는 물건들로 가득 차 있던 곳이다. 이런 부정적 공
간에 뜬금없이 사랑이 넘치는 신혼부부가 들어왔으니 편안한
기분이 들었을 리 없다. 부부는 계약이 끝나 이사를 갈 때까지
그 방의 불안한 느낌에 익숙해지지 못했다고 했다.

될 수 있으면 이사 갈 집의 전 주인이 어떤 사람인지 확인하
는 것이 중요하다. 실제로 집주인의 직업이 괜찮거나 그 집에
사는 아이가 좋은 대학에 들어갔다면 부동산 업자들의 은근한
마케팅 포인트가 된다. 그러나 단지 겉으로 보이는 사실로만
그 집을 판단하기에는 이른 감이 있다.

정말 주의 깊게 봐야 할 것은 '그 집과 그곳에 사는 사람과
의 관계'다. 집을 팔기 위해 잠깐 집 안을 깨끗이 치울 수는 있
지만 그 집을 다루는 태도까지 완전히 숨길 수는 없다. 눈빛이
나 말투, 표정을 보면 집주인이 집에 어느 정도의 애정을 갖고
있는지가 보인다. 집을 아끼고 소중히 여기는지, 아니면 빨리
비싼 값에 팔고 벗어나고 싶어 하는지를 금방 알 수 있다. 그곳
에 사는 사람에게 공간에 대한 자부심과 애정이 있다면 집과

사람이 좋은 시너지를 일으켰다고 볼 수 있다. 정말로 아이가 명문대에 갈 만큼 공부가 잘 되는 집, 가족들이 무탈하게 성장하도록 도와주는 집일 가능성이 크다. 그런데 아이가 아무리 명문대에 가고 집주인의 명함이 대단해도 정작 그들이 집에 관심이 없고 방치하는 듯한 느낌이 든다면 그것은 공간과는 상관없는 일이다. 아이의 머리가 특출하게 뛰어났거나 노력의 정직한 대가일 뿐이다.

그 집에 살고 있는 사람이 특별하지 않더라도 공간에 애정을 갖고 있다면 적어도 병든 집은 아니다. 불편하고 떠나고 싶은 공간에 일부러 정성을 들일 리 없지 않겠는가. 낡아도 구석구석 반질반질한 손때가 묻어나는 집이 있다. 지겹다고, 트렌드에 뒤처진다고 함부로 뜯거나 부수지 않고 오래되었으면 오래된 대로 정성스레 가꾸고 조심스레 매만진 집 말이다. 그런 집은 자연 미인처럼 그 자체로 곱고 단정한 느낌이 든다. 반면 낡지 않았는데도 시시때때로 고친 집은 다시 생각해볼 필요가 있다. 겉으로는 깨끗해서 좋아 보이지만 사실은 성형 미인 같은 집이다. 사람의 성향 탓으로 돌릴 수도 있지만 아무리 고쳐도 계속 고칠 점이 보인다는 것은 그 집과 사람이 충돌을 일으키고 있다는 방증이 될 수 있다. 그런 집은 터가 사람에게 원하는 것이 있기 때문에 다른 사람이 들어가도 바뀌지 않을 가능성이 크다.

사람은 본능적으로 좋아하는 사람에게 끌리고 싫은 사람은 멀리하듯 집 역시 편안하고 좋으면 애착을 갖고, 불편하면 미련 없이 떠나게 마련이다. 공간의 에너지와 기운을 짧은 시간에 파악하는 것은 쉬운 일이 아니다. 하지만 집과 사람은 서로 닮아가기 때문에 사람을 통해 집을 파악하는 것이 어쩌면 가장 빠른 길일 수 있다.

과거에 집은 단순히 사람들의 생활 공간만을 의미하는 것이 아니었다. 집 우(宇), 집 주(宙), 집들이 모이면 우주(宇宙)가 되었고, 집을 지탱하는 4개의 기둥이 모이면 사람의 운명을 말하는 사주(四柱)가 되었다. 옛날 사람들에게 집은 미지의 에너지로 가득 찬 우주이자 나를 붙잡고 있는 운명과도 같은 것이었다.

그래서 이사를 한다는 건 요즘 사람들이 생각하는 것만큼 단순하고 쉬운 일이 아니었다. 새로운 집에 이사를 갈 때면 미리 이사 갈 집의 주방이나 마루에 쌀이 든 솥을 두고 절을 하며 가신(家神)에게 신고식을 치렀다. 마당이 넓은 집에서는 맨발로 터를 밟아 발끝에 전해지는 땅을 온몸으로 느끼며 나의 존재를 미리 알리기도 했다. 이사를 한 후 낡은 초가지붕을 바꿀 때는 새 짚 한 단을 용마루 위에 올려 미리 집수리를 하겠다는 의사를 밝혔다. 이는 짚 속에 살고 있을지도 모르는 벌레나 곤충들에게 옮겨갈 터를 미리 제공해준다는 의미였다.

과거에 이사는 지금처럼 환금성과 투자 가치를 따지는 실리의 영역만이 아니었다. 버스나 지하철을 갈아타듯 몸과 물건만을 갈아타는 단순한 이동도 아니었다. 집이라는 공간이 바뀌는 것은 또 다른 우주, 또 다른 운명 속으로 들어가는 일이었다. 또한 그곳에서 기다리고 있을 새로운 신(神)들과의 만남이자 인생 역변의 운을 맞이할 기회이기도 했다.

시대는 변했지만 예전처럼 집이라는 공간을 살아 있는 생명으로 대할 때 이사는 내 운명과 삶의 흐름을 바꾸는 중요한 전환점이 될 수 있다. 굳이 솥단지를 가지고 다닐 필요는 없지만 새로운 집에 애정을 담아 가볍게 인사하며 그 공간이 내게 전하려는 말을 느껴보려 애써야 한다. 그러다 보면 보이지 않던 것들이 보이기 시작한다. 내가 살아갈 공간에 무엇이 비워져 있고 무엇을 채워야 할지 조금씩 알게 된다. 그때야 비로소 새로운 집, 또 다른 우주로의 진정한 이사가 시작되는 것이다.

3

•

공간에도
궁합이 있다

성격이 분명한 집은
사는 사람에게도 영향을 미친다

―――――

차창 밖으로 북악산의 바위 능선이 거친 곡선을 그리며 지나
갔다. 모처럼 봄 향기 가득한 산길을 유유자적 달리니 시간이
가는 줄도 몰랐다. 어느덧 차는 높은 담장들을 지나 운치 있는
단독 주택 앞에 멈춰 섰다. 자주 오간 길이었지만, 성북동 끝자
락까지 와본 건 처음이었다. 대문에 들어서자 고급스러운 석
재와 목재로 단단하게 지어진 이층집과 잘 가꿔진 정원이 눈
앞에 펼쳐졌다. 야외 의자에 앉아 있던 검은 낯빛의 남자가 반
갑게 웃으며 다가왔다. 지인의 소개로 알게 된 박 회장이었다.

　"이런 외진 곳까지 와주셔서 고맙습니다. 보시다시피 제가
몸이 좀 불편해서 멀리 나가질 못해요. 이 집에 대한 선생님의
의견을 듣고 싶어 뵙자고 했습니다. 보기엔 참 괜찮은 집인데,
막상 살아 보니 보이는 게 전부가 아니더군요."

얼굴이 야위고 병색이 짙어 보였지만 여전히 형형한 눈빛을 가진 그는 1년 전까지만 해도 건실한 중견기업의 오너였다. 맨손으로 시작해 업계 신화를 일군 자수성가형 인물로 잘 알려져 있었다. 그러나 평생 일에만 빠져 살았던 그는 환갑이 넘자마자 생각지도 못한 삶의 변곡점을 맞았다. 갑작스럽게 간암이 찾아온 것이다. 수술과 동시에 경영 일선에서 물러나 요양을 위해 구한 집이 바로 이곳, 성북동 저택이었다. 산이 가깝고 공기가 좋으니 조금씩 등산도 하며 재활 치료를 하기에 안성맞춤처럼 보였을 것이다.

"도심에서 요양하기에 이만한 곳도 없겠다 싶어 반년 전에 덜컥 이사를 왔지요. 그런데 이상하게 여기서는 쉬어도 쉬는 것 같지가 않아요. 나름대로 운동도, 산책도 하는데 몸은 점점 무거워지는 것 같고 괜한 회사 걱정만 많아지고요. 처음에는 그저 내가 몸에 병이 있어 그런 건가 했는데 살면 살수록 꼭 그것 때문만은 아닌 것 같아요."

그의 이야기를 듣자 마음속에 짚이는 것이 있었다. 그의 집을 둘러싼 북악산은 이름에서 드러나듯 단단한 화강암 바위로 이루어져 있다. 동양 철학의 오행으로 말하자면 금기(金氣)가 유난히 강한 곳이다. 실제로 그의 집은 금기가 과도한 곳의 공간적 특징을 모두 갖고 있었다. 집 안에 들어서자마자 느껴지는 서늘한 냉기, 제대로 자라지 못하는 정원수들……. 금기가 강한 곳에서는 나무가 제대로 자라지 못한다. 일단 뿌리를 깊이 내리기가 힘들 뿐 아니라 큰 암석 특유의 잡아당기는 에너지가 강하기 때문이다. 쉽게 말하면 더 강한 중력으로 끌어당기는 것이다.

사람은 이런 곳에서 본능적으로 강한 반발력을 일으키게 되어 있다. 물에 빠졌을 때 살기 위해 발버둥치는 것처럼 무의식적으로 치고 올라가는 힘을 내는 것이다. 그것이 현실에서 발현되면 강한 의지와 열정 그리고 영감의 원천이 된다. 때문에 동서양을 막론하고 바위산 근처는 언제나 수행과 기도의 공간이었다. 깎아지른 바위산 위에 자리 잡은 스페인의 몬세라트 수도원, 지형의 대부분이 바위로 이루어진 중국의 화산(華山) 같은 곳이 대표적이다. 화산은 지금도 전 세계 수행자들이 모여드는 곳으로 유명하다.

금기가 강한 박 회장의 집 역시 그가 한창 회사를 키우던 시절에 이사 왔다면 에너지와 영감을 증폭시키는 데 도움을 주었을 것이다. 그러나 몸과 마음이 허약해진 상태라면 자신을 지속적으로 자극시키는 에너지가 버겁고 힘겨울 수밖에 없다.

"집이 사람을 닮기도 하지만 사람이 집을 닮아갈 수도 있어요. 이 집처럼 자신만의 '성격'이 분명한 집들이 특히 그렇습니다. 이런 집들은 그곳에 사는 사람까지 자신의 에너지와 비슷하게 만들어버릴 정도로 힘이 강하죠. 이 집을 사람으로 비유하면 용맹정진밖에 모르는 엄격한 스님 같아요."

몸이 좋지 않아 누워 있는데 스님이 죽비로 때리며 '당장 일어나라'고 일갈하는 장면을 상상해보라. 하루 이틀도 아니고 스님과 함께 사는 집주인은 얼마나 부담스럽고 불안할까. 몸은 무거운데 자꾸 회사 걱정을 하게 된다는 박 회장의 말은 이 공간이 가진 성격을 분명히 보여주고 있었다. 단순히 기분 탓이 아니었던 것이다.

우리는 살아가면서 무수히 많은 사람을 만난다. 저마다 성격은 다르지만 오랫동안 어울리다 보면 그럭저럭 맞춰가며 살아가게 마련이다. 그렇게 서로에게 익숙해진 이들은 평생의 배필이나 절친이 되면서 은은하게 닮아가기도 한다. 반면, 성격이 너무 강하고 주관이 뚜렷해 도무지 적응이 안 되는 사람도 있다. 끼가 흐르다 못해 자유분방한 '전위예술가', 무언가에 빠지면 그것밖에 모르는 '덕후', 성격이 불같은 '다혈질' 등은 코드가 맞는 소수의 사람만 감당할 수 있다.

공간도 마찬가지다. 오랫동안 사람과 어울려 살았던 전통적인 집터들은 대부분 무난한 성격을 가지고 있다. 아무리 거칠고 뾰족한 공간이라도 긴 세월 동안 수많은 사람이 스쳐 지나가면 둥글둥글하게 다듬어지게 마련이다. 때문에 들어가는 사람에 따라 공간의 에너지가 바뀌는 '공간가소성'이 가능해진다. 내가 사는 집이 나를 닮아가는 것이다. 그러나 드물게

'센 캐릭터'를 가진 공간도 분명 존재한다. 경험적으로 봤을 때 전체의 3할 정도 되는 이런 공간은 한 사람이 들어가서 바꾸기가 쉽지 않다. 오히려 그 공간의 에너지가 사람에게 영향을 미치며 충돌을 일으키는 일이 더 많다. 물론, 그런 공간을 감당할 수 있는 사람도 분명 존재한다. 그런 사람과 공간이 만나면 생각지도 못한 시너지 효과가 나기도 한다. 마치 나를 알아주는 인연을 만났을 때 잠재력이 폭발하는 것처럼.

땅의 기운에 따라
걸리는 병도 달라진다

───────

'센 캐릭터'의 공간은 성북동 집처럼 태생적인 원인에서 기인하는 경우가 많다. 모든 공간은 지구의 역사만큼 오래된 공간 DNA를 가지고 있다. 골짜기가 패여 바람이 드나드는 곳은 '바람 DNA'가, 비가 올 때마다 물이 잘 고이는 곳은 '고이는 DNA'가 심어져 있다. 우물이 생기는 곳은 물이 합쳐지는 '합수(合水) DNA'가, 지반 밑으로 강한 바위가 있는 공간은 '돌 DNA'가 깃들어 있다.

이런 자연 DNA는 넓고 강한 힘으로 눈에 보이지 않는 고유의 파동을 만들어낸다. 그리고 그 파동이 현실에서 발현되면 '공간의 성격'이 된다. 과거에는 자연이 많이 훼손되지 않았기 때문에 주변 환경 간의 관계를 분석해 공간의 성격을 알아내는 것이 가능했다. 우리가 알고 있는 전통 풍수도 그런 과정을 통해 탄생했다. 그러나 산과 언덕 대신 고층 빌딩이 들어서고 물길을 막아버린 현대에 와서는 이마저도 알기 쉽지 않게 됐다. 하지만 땅 위의 산을 깎았다고 해서 산을 만든 DNA가 사라지는 것은 아니다. 물길이 사라져도 물을 흐르게 했던 본질적인 부분들은 여전히 땅속 깊은 곳에 뿌리박혀 공간 고유의 성격을 만든다.

때문에 공간을 볼 때 눈에 보이는 것만으로 판단해서는 안 된다. 사람을 겉모습만 보고 판단해서는 안 되듯, 공간도 보이는 게 전부가 아니다. 박 회장은 그 부분을 놓치고 말았다. 산이 가깝고 공기가 좋은 것은 단지 겉모습에 불과하다. 많은 사람이 몸이 아프거나 힘들면 도시에서 벗어나 산과 바다로 떠난다. 그러나 우리가 '자연'이라 뭉뚱그려 부르는 곳들도 저마다 고유한 성격과 캐릭터를 갖고 있다. 만약 병이나 체질 등에 맞는 적합한 곳을 선택하지 않는다면 두통이 심한데 비뇨기과에 가는 식의 우를 범하는 것과 다를 바 없다.

동양 의학의 바이블로 여겨지는 《황제내경》의 〈이법방의론〉을 보면 '땅의 기운인 지세(地勢)에 따라 사람이 걸리는 병도 달라진다'라고 적혀 있다. 양기가 생성되는 동방에서는 염증성 피부 질환인 옹창에 걸리기 쉽고, 양기가 왕성한 남방에서는 관절염이나 근육통이, 기운이 수렴되는 서방에서는 내장 질환과 같은 속병이 발병하기 쉽다는 것이다. 지세는 그 터에

●

어느 논밭 옆으로 한 줄기 강물이 흘러가고 있다. 우울증을 앓는 사람들은 물가의
집을 피하는 게 좋다. 끊임없이 흘러가는 물결이 내 안의 정체된 마음을 더 선명하게
확인시키기 때문이다.

서만 경험할 수 있는 특이한 기후와 토양, 음식을 만드는데, 그런 요소들이 모여 질병을 유발한다는 말이다. 이런 관점은 현재에도 유효하다. 습도가 높고 더운 중국 남방 지역의 호수나 댐 근처에는 관절염 환자가 많다. 또한 중국의 동방에 해당하는 해안 지역에는 다른 지역에 비해 피부암 발병률이 유독 높다는 통계가 있다. 치유를 위해 혹은 노후를 위해 전원 생활을 준비한다면 눈에 보이는 환경은 물론, 겉으로 잘 드러나지 않는 공간의 성격까지 신중하게 살펴야 한다.

나는 우울증으로 힘든 시간을 보내고 있는 사람들에게는 물가를 피하는 것이 좋다고 조언한다. 마음이 우울할 때 강물을 보고 있으면 나도 모르게 우울한 기분이 더 커진다. 끊임없이 흘러가는 물결이 내 안의 정체된 마음을 더 선명하게 확인시키기 때문이다. 가난한 이가 부자를 보면 박탈감을 느끼는 이치와 같다. 반대로 불안 증세가 심한 사람은 조용한 숲속 오두막이 더 힘들 수도 있다. 마음이 쉬지 못하고 요동치고 있는데 너무나 정적인 곳에 있으면 오히려 불안감이 더 선명해진다. 한가롭게 여기서 이래도 되나 싶은 마음이 불안감을 더 자극시키는 것이다. 자연 속에서의 힐링이 무조건 능사가 아니라 나와 맞는 공간을 찾는 것이 더 중요하다는 이야기다.

공간이 지닌 고유의 성격을 인정할 때 새로운 힘이 생긴다

————

그날 나는 박 회장에게 가능하면 요양할 거처를 옮기는 것이 좋겠다고 조언했다. 이왕이면 양지바르면서도 강이 있어 기운이 머물지 않고 흐르는 양평이 괜찮을 것 같다는 말도 덧붙였다. 본래 기질이 활동적이고 에너지가 넘치는 사람은 아파서 쉴 때도 어느 정도 자신의 성격을 닮은 공간으로 가는 것이 좋다. 유유히 흐르는 강을 보면 두고 온 회사에 대한 번뇌도 같이 흘려보내 마음이 한결 편해질 수 있으리라는 생각도 있었다. 그렇게 그날의 대화는 순조롭게 마무리됐다. 그리고 일주일 정도 지났을까. 박 회장으로부터 다시 연락이 왔다. 뭔가 고민이 생긴 듯한 목소리였다.

"선생님을 만나고 거처를 양평으로 옮기는 쪽으로 생각을 정리하고 있었는데, 주변의 아시는 분이 이사까지 갈 필요가 있겠냐며 자꾸 말리네요. 터가 워낙 기운이 세니 석물을 몇 개 세워서 누르면 된다고 하는데, 그 말을 믿어야 할지, 어째야 할지 모르겠어요."

어떤 상황인지 충분히 이해가 됐다. 풍수를 잘 아는 누군가가 화기(火氣)를 상징하는 봉황이나 말, 뱀 모양의 석상이 도움이 된다고 훈수를 둔 모양이었다. '화기로 금기를 다스린다'라는 오행의 전형적인 공식을 따른 셈이다.

"그분의 말도 틀린 건 아니지만 솔직히 말씀드리면 마음의 위안을 얻는 것 이상의 효과는 기대하기 힘들 겁니다. 성형 수술을 해도 사람의 겉모습만 바뀔 뿐 성격은 그대로인 것처럼 기운이 강한 공간은 외형을 바꿔도 타고난 기질을 바꾸기가 쉽지 않기 때문이지요. 비보풍수로는 한계가 있습니다."

풍수에서 말하는 비보(裨補)란 '더하고 채운다'라는 뜻으로, 바람이 강한 해안가에 방풍림을 만들어 바람을 막고 건조한 집 마당에 인공 못을 조성해 습기를 돌게 하는 처방 등을 말한다. 시골에서 흔히 볼 수 있는 거북이나 두꺼비 모양의 바위나 조각은 홍수나 가뭄에 대한 비보처방이라 할 수 있다. 장승이나 솟대, 돌탑 역시 마을의 부족한 형세나 기운을 메꾸기 위한 풍수적 조치다. 흥미로운 점은 이런 풍수적 식견이 없을지라도 사람의 본능 속에는 부족한 곳을 채우고 틀린 것은 바로잡으려는 타고난 균형감이 존재한다는 것이다. 외나무다리에서면 누가 가르쳐주지 않아도 자연스럽게 양팔을 벌려 균형을 잡듯 무의식적으로 기울어진 것에 반응하고 행동하는 감응 센서가 존재한다. 그래서 제주도처럼 음기가 강한 땅에는 남성의 성기 모양을 한 하르방이 자연스레 만들어지고, 서울의 진관동처럼 양기가 강한 땅에는 비구니절이 자리를 잡으며 음양의 조화를 맞추는 것이다.

때문에 성북동 집처럼 캐릭터 강한 집과 사람이 부딪쳤을 때도 사람들은 자연스럽게 비보풍수적 처방을 떠올린다. 강한 에너지를 누르고 중화시켜 균형을 맞추려는 것이다. 그러나 공간에 대한 인간 중심적 사고를 지양하는 나의 관점은 조금 다르다. 일단 실효성도 문제이지만 조금 더 큰 그림을 보지 못할 가능성이 있다. 음기가 강하거나 지기(地氣)가 약한 곳은 분명 그런 모습으로 있어야 하는 나름의 이유가 있다. 미시적으로는 부족하거나 넘쳐도 자연이라는 거시적 시각에서 보면 틀림없이 전체의 균형을 이루고 있을 것이다. 사람을 위한 풍수가 시각적 안정감과 안락함을 줄 수도 있겠지만 자칫 그 공간 특유의 힘을 발현하지 못하게 할 수도 있다. 이런 이유로 나는 개성을 없애는 것보다 공간이 가진 고유의 성격을 있는 그대로 인정할 때 오히려 새로운 힘이 생길 수 있다고 믿는다.

우리가 너무나 잘 알고 있는 비보풍수 중에 광화문의 해태상과 남대문의 현판이 있다. 관악산의 화기가 강해 광화문 앞에 물을 다스리는 해태상을 세우고 남대문의 숭례문 현판을 세로로 걸어둔 것이다. 숭례문(崇禮門)의 예(禮)는 오행상 화(火)에 해당하고, 이를 세로로 세워두면 큰 산을 의미하는 숭(崇)자에 불이 붙는 모양이 되어 글자의 화기로 불을 막는다는 '이열치열'의 의미가 된다. 한마디로 맞불을 놓은 것이다. 그러나 이런 노력에도 불구하고 궁은 여러 차례 화마의 잿더미가 됐고, 결국 숭례문마저 불길에 휩싸였다.

이 공간은 권력의 눈이 억지로 맞춰놓은 균형 속에 있을 때는 그리 빛나지 않았다. 그러나 시청 앞 광장에서 붉은색 옷을 입은 사람들이 산불처럼 출렁이고 부정에 맞선 촛불이 들불처럼 일어났을 때는 전에 없던 놀라운 에너지를 보여주었다. 서울의 화기는 억지로 눌러야 할 힘이 아니라 함께 뜨겁게 달아올라야 하는 힘이었다. 어쩌면 서울이라는 공간은 그럴 수 있는 시대를 애타게 기다리고 있었는지도 모른다.

나와 성격이 맞지 않는
공간 알아보는 법

———

박 회장의 성북동 집도 마찬가지다. 타이밍만 제대로 맞았다면 강하고 열정적인 기질의 공간은 그의 든든한 기반이 됐을 것이다. 그 가능성을 보여주는 것이 그의 집에서 멀지 않은 '석은 변종하 기념미술관'이다. 현대미술의 거장인 변종하 화백이 살았던 그곳은 공간의 성격을 그대로 인정하고 살려낸 좋은 예라 할 수 있다.

원래 터의 자연미를 살리고자 했던 집주인의 요청에 따라 지어진 집은 언뜻 보면 거대한 돌탑처럼 보인다. 어른 머리만 한 크기의 자연석으로 담을 올리고 돌을 붙여 집의 외벽을 만들었다. 정원은 북악산 바위를 그대로 노출시켰고 바위틈 사이로 흐르던 물길 역시 살려놓았다. 그 바위들 사이로 돌계단과 화백의 수집품인 석물들이 조화롭게 자리를 잡고 있다.

2층에 있는 그의 화실 또한 거대한 석굴을 연상시킨다. 층고가 6미터에 이르는 실내는 바위의 서늘한 기운으로 가득 채워져 있고, 공간에는 그 기운을 상쇄시키려는 어떤 시도도 보이지 않는다. '바위에 은거한다'라는 뜻인 석은(石隱)이라는 호처럼 화백은 이 터의 원형과 함께 동락하며 자신의 영감과 재능을 증폭시켰다. 이곳에 거주하기 시작한 1980년대부터 현실 비판적이었던 그의 작품이 본질을 추구하는 서정적 화풍으로 변모할 수 있었던 것도 동락의 결과물이었을 것이다.

개성과 독창성이 중시되는 현대 사회에서는 두루두루 무난한 사람보다 에너지가 한쪽으로 집중된 사람이 두각을 나타내는 경우가 많다. 적당히 균형을 맞추는 것이 아니라 있는 힘을 더 강하게 증폭시켜 새로운 결과물을 만들어냈을 때 사람들이 더 열광하는 시대가 된 것이다. 그런 관점에서 공간을 보는 시각도 이제는 좀 더 다양하고 풍부해질 필요가 있다.

그렇다면 강한 공간, 나와 맞지 않는 공간을 어떻게 알아볼 수 있을까. 가장 쉽게는 내 몸의 반응을 보면 알 수 있다. 박 회장처럼 노력해도 몸과 마음이 불편해지는 경우나 내 몸이 평소의 기질과 다르게 움직인다면 의심해볼 필요가 있다.

예를 들면 평소에는 집을 꾸미는 일에 큰 관심이 없었는데 이사한 뒤부터 자꾸 집을 꾸미거나 손을 대는 사람들이 있다. 잠자리나 앉는 자리가 불편해 침대나 소파의 위치를 자주 바

북악산에 둘러싸인 석은 변종하 기념미술관의 전경

꾸고 필요 이상의 기능성 제품을 사들인다. 패브릭이나 소품의 교환 주기가 눈에 띄게 빨라지기도 한다. 그럼에도 정작 집에 머무는 시간은 점점 짧아지고 밖으로 겉돌게 된다면 이는 자신이 집과 부딪치고 있다는 뜻이다.

반대로 평소에 그런 스타일이 아닌데 이사 온 집에서 자꾸 가구나 집기를 내다 버리는 사람들도 있다. 그 공간에 두면 이상하게 좁아 보이고 답답한 느낌이 든다는 것이다. 이는 단순히 요즘 비우는 인테리어가 유행하고 있기 때문만은 아니다. 강한 성격의 집과 균형을 맞추기 위해 외나무다리에서 본능적으로 팔을 벌리듯 내 몸의 센서가 무의식적으로 작동하고 있는 것이다.

물론 이런 노력도 열심히 하다 보면 어느 정도 균형이 맞춰질지 모른다. 그러나 공간의 성격에 맞추기 위해 본래의 내 기질과 맞지 않는 피곤한 일을 계속할 필요가 있을까. 가뜩이나 일과 인간관계로 인한 스트레스가 적지 않은데 집에서까지 계속 양팔 벌리기를 하며 살아가는 것은 스스로에게 너무 가혹한 일이다.

공간 고유의 성격이 나와 도저히 맞지 않는다는 것을 알았다면 인정하고 과감히 떠날 줄도 알아야 한다. 박 회장은 몇 달 후 성북동 집을 정리하고 양평으로 떠났다. 많은 재벌 1세대가 노년이 되면 성공의 추억이 담겨 있는 자신의 터를 떠나 새로

운 곳에 정착한다. 이는 편리나 투자 가치를 위한 선택이기도
하겠지만 공간과의 관계 속에서 스스로 물러날 때를 직감했기
때문일 수도 있다.

평생의 배필을 만나듯
나와 맞는 공간을 찾아라

나이가 들수록 나와 맞는 사람이 얼마나 소중한가를 실감할 때가 있다. 굳이 긴 대화를 하지 않아도 곁에 있으면 몸과 마음이 저절로 편안해지는 휴식 같은 사람, 몇 마디 주고받지 않았는데도 예리한 통찰력으로 생각지도 못한 영감을 주는 스승, 같이 있는 것만으로도 즐거워지는 고마운 친구. 굳이 여러 명일 필요도 없다. 한두 명만이라도 그런 사람이 곁에 있다면 삶은 놀라울 정도로 풍요로워진다. 공간도 마찬가지다. 저마다의 캐릭터를 가진 무수한 공간 중에 나와 성격이 꼭 맞는 공간은 반드시 있다. 그리고 그런 공간은 언제나 기대 이상의 선물을 준다. 순애보를 간직한 연인처럼 늘 같은 자리에서 보이지 않게 나를 다독여주고 다시 일어날 힘을 준다.

중요한 것은 평생의 배필을 만나듯, 나에게도 그런 공간이

•

세련된 침실이 아늑해 보인다. 저마다의 캐릭터를 가진 무수한 공간 중에 나와 꼭 맞는 성격의 공간은 반드시 있게 마련이다. 그런 공간은 언제나 기대 이상의 선물을 준다.

있음을 알고 찾으려 노력하는 것이다. 분명 이런 질문을 하는 사람도 있을 것이다.

"그런 집은 비싸지 않나요?"

나와 잘 맞는 친구가 꼭 부자일 필요는 없듯이 나와 잘 맞는 공간 역시 반드시 고급 주택일 필요는 없다. 그리고 그 공간이 반드시 집일 필요도 없다. 많은 예술가가 저마다 자신만의 '아지트'를 갖고 있다. 곡을 쓸 때마다 어촌 마을을 찾는 작곡가도 있고, 특정한 카페에 가야만 글이 잘 써진다는 작가도 있다. 새벽마다 한강 변을 뛰며 아이디어를 떠올린다는 사람도 있다.

그렇게 공간에 대한 가능성을 활짝 열어놓았을 때 공간도 나에게 말을 걸어오기 시작한다. 오랫동안 도시에 살면서 퇴화된 '공간 감각'이 조금씩 살아나는 것이다. 집과 땅의 기운을 예민하게 느끼지 못하는 사람도 좋아하는 공간, 싫어하는 공간이 분명히 있다. 산이 좋은지, 바다가 좋은지, 뜨거운 발리의 바닷가에서 휴양하는 게 좋은지, 노르웨이의 거대한 협곡을 감상하는 게 좋은지 정도는 답할 수 있을 것이다. 그것은 평범한 나에게도 나와 맞는 공간, 나를 닮은 공간을 찾을 수 있는 능력이 있다는 증거다. 그렇게 작은 것부터 공간에 대한 감각을 일깨우다 보면 반드시 기다려왔던 공간과 만나게 될 것이다. 마치 운명처럼.

4

•

공간에도
유통기한이 있다

부정적인 생각을 많이 할수록
공간의 유통기한이 짧아진다

몇 년 전, A 씨는 부모님이 물려주신 오래된 집을 허물고 새집을 지었다. 집의 이름은 효은재(孝恩齋). 평생 고생하며 자수성가하신 부모님을 생각하며 지은 이름이었다. 집은 그리 크지 않았지만 이름만큼이나 단아한 멋이 있었다. 목조 지붕 밑에서 마시는 차도 제법 운치가 있어 계절에 한 번씩은 그의 집을 찾곤 한다. 이번에 효은재를 찾은 것은 6개월 만이었다. 부부만 사는 소박한 집이라 별로 달라진 것은 없어 보였다. 거실에 깔아둔 카펫과 의자의 덮개 정도만 바뀌었을 뿐, 거실에 둔 책장도, 작은 다탁도, 좁지만 있을 건 다 있는 주방도 겉으로 보기에는 그대로였다. 그런데 무언가 느낌이 달랐다. 그리고 그 느낌은 시간이 지날수록 내게 확신을 주었다.

"최근 들어 집이 답답하고 불편해졌다는 느낌을 받은 적이 있나요?"

"몇 달 전부터 갑자기 그런 느낌이 들긴 했어요. 워낙 집이 작아서 그런 것이라 생각했죠."

"5년 넘게 잘 살던 집이 갑자기 그렇게 느껴지는 건 이유가 있어서예요. 이 집의 '유통기한'이 다되어서 그래요."

"유통기한이요? 다시 지은 지 고작 5년밖에 되지 않았는데요?"

A 씨가 놀랍다는 듯이 되물었다.

"이 집 자체는 물리적으로 아무 문제도 없고 멀쩡해요. 유통기한은 보이지 않는 공간의 에너지를 말하는 겁니다. 마치 배터리가 방전되듯이 이 집이 갖고 있는 에너지가 거의 바닥난 상태예요."

그와 대화를 하던 중 한 가지 짚이는 것이 있었다. 1년 전, 그의 아버지가 갑자기 암으로 세상을 떠나셨고, 어머니마저 몇 달 전에 쓰러지셨다. 맏아들인데다 가까이 사는 그가 병수발은 물론, 장례까지 도맡아 하느라 마음고생이 상당히 심했다. 무뚝뚝해 보이지만 누구보다 효심이 깊었던 그는 지금도 매일 어머니가 계신 요양병원을 찾고 있었다. 그가 느낀 상실과 우울감, 그 힘겨웠던 마음의 잔상들이 공간에 그대로 남아 영향을 미치고 있었던 것이다.

정신과 의사이자 영성가인 데이비드 호킨스 박사는 저서

《의식혁명》에서 인간의 의식 수준을 20에서 1,000까지의 상태로 분류해 설명했다. 가장 낮은 레벨 20은 수치심에 차 있는 상태로, 모욕과 멸시를 당하며 죽지 못해 살아가는 단계다. 가장 높은 700에서 1,000에 이르는 상태는 영적 깨달음의 상태로, 개인을 초월해 순수한 구원의 삶을 살아가는 의식의 최고 단계다. 의식의 각 단계는 레벨에 맞는 에너지장을 만들고, 레벨이 높을수록 긍정적이고 강한 에너지장을 갖게 된다.

의식의 에너지장은 우리가 사는 공간에도 그대로 반영된다. 굴욕과 비난, 절망 같이 낮은 수준의 감정에 휩싸여 있는 사람은 자신의 약한 에너지를 채우기 위해 자연적으로 주위의 에너지를 끌어들인다. 부정적인 사람과 대화를 할 때 점점 힘이 빠지고 지치는 것은 바로 이 때문이다. 흔히 말하는 '기 빨린다'라는 표현이 사실은 맞는 말인 셈이다. 이런 사람은 주변 사람뿐 아니라 자신이 머무는 공간 역시 같은 수준의 에너지 상태로 만들어간다. 때문에 낮은 의식 수준의 사람이 많은 곳일수록 공간은 쉽게 황폐화되고 빠르게 생명력을 잃는다.

반대로 높은 레벨의 에너지장은 자신의 빛나는 에너지로 주위를 비추며 누구에게나 있는 잠재된 긍정의 에너지를 끌어낸다. 이런 강력한 에너지 발산은 주위 사람이나 공간을 높은 에너지 상태로 만들어놓는다. 기쁨이 충만한 사람은 주변 사람 역시 밝게 만들어주고 오래된 성당이나 절 같은 수행처는

자연을 받아들인 집은 자연과 함께 생동한다. 전남 구례군에 위치한 고택인
곡전재(穀田齋)의 모습

사람들의 잠들어 있는 영성을 깨워주기도 한다. 높은 의식 수준이 반영된 공간일수록 충만한 에너지 상태를 유지하며 오랫동안 변하지 않는 공간의 유통기한을 갖게 되는 것이다.

효은재를 짓고 나서 몇 년 동안 A 씨의 집도 나름의 밸런스를 갖추고 있었다. 우리의 인생에 늘 좋은 일만 있는 것도, 나쁜 일만 있는 것도 아니다. A 씨 부부 역시 힘들 때도 있었지만 나름대로 마음공부도 하고 차도 마시며 새로운 에너지를 채우기 위해 노력했다. 그런데 갑작스러운 부모님의 일로 A 씨가 생각보다 깊은 슬픔과 무력감, 우울을 느끼면서 효은재의 공간 에너지도 함께 마이너스 상태가 된 것이다.

옛날에는 이렇게 부족한 에너지를 자연이 채워주었다. 과거에는 요즘처럼 20년, 30년이 아니라 200년, 300년을 내다보고 공을 들여 집을 지었다. 집은 한 세대가 아닌 대대손손 이어가야 할 가문의 터전이었기 때문이다. 이렇게 유통기한이 긴 집을 지을 때 선조들이 가장 중요하게 생각한 요소는 차경(借景), 즉 자연의 풍경을 빌려오는 것이었다. 이는 단지 풍경만을 가져오는 것이 아니라 그 풍경이 담고 있는 자연의 에너지를 집으로 함께 들이는 것이다. 툇마루에 앉으면 산이 보였고 바람 소리, 물소리가 들렸다. 방문을 닫아도 냄새와 소리가 전해졌다. 주방이나 화장실처럼 다른 기능의 공간으로 가기 위해서는 실외를 통해야만 했다. 움직일 때마다 저절로 환기가 됐고, 자연의 생명력이 끊임없이 집 안 곳곳을 가득 채웠다. 그러나 현대건축의 핵심은 순환이 아니라 밀폐다. 외기가 함부로 유입되지 못하도록 벽과 담장이 높아지고, 어떻게 하면 효과적으로 외부와 단절시켜 자신만의 공간을 만들 것인지에 중점을 둔다.

음식은 밀폐가 되어야 유통기한이 늘어난다. 하지만 살아 있는 생명은 밀폐된 상태로 있으면 안 된다. 생명은 그 공간 안에서 단순히 산소만 소비하는 게 아니기 때문이다. 끊임없이 보이지 않는 공간의 에너지도 끌어다 쓰기 때문에 지속적으로 생명력을 채워주고 순환시켜야 한다. 그러나 그것이 어려워진 현대인들은 누구나 공간의 유통기한이라는 숙명을 맞이할 수밖에 없게 되었다.

현관문을 여는 순간
기분이 울적해지고 무거워지는 이유

———

공간의 유통기한을 알아보는 법은 생각보다 어렵지 않다. 사람의 생명이 다했을 때 병증이 나타나듯 생명이 다한 공간 역시 나름의 증상을 보인다. 다른 점이 있다면 사람의 병증이 죽음을 의미한다면, 공간의 병증은 이전과는 다른 새로운 질서와 탄생을 의미한다는 것이다. 대표적인 예가 종로의 세운상가다.

1960년대, 종로에는 쓰러져가는 판자촌들과 무허가 건물들이 모여 거대한 빈민가를 형성하고 있었다. 원래 도시 계획은 이 판자촌들을 밀어내고 북악산과 남산을 잇는 녹지를 조성하는 것이었다. 하지만 당시 30대 젊은 건축가였던 김수근 씨와 40대의 김현옥 전 서울 시장이 의기투합해 종로에 세운상가라는 거대한 주상복합 단지를 세우겠다는 계획을 발표했다. 이

계획은 처음부터 많은 비난과 반대에 부딪쳤는데, 가장 큰 이유는 흉물스럽다는 것이었다. 1킬로미터가 넘는 세운상가의 모습이 신성한 종묘를 향해 돌진하는 기차의 형상을 하고 있었기 때문이다. 하지만 도시화의 열망을 타고 세운상가는 완공됐고, 당시의 종로를 상징하는 랜드마크이자 신문화의 상징이 되었다.

이 첨단 건물은 역설적으로 자연에 대한 경외와 존중, 풍수사상과 같은 오래된 질서가 더 이상 권력자들의 마음을 움직일 수 없게 됐음을 말해주고 있었다. 그리고 그런 질서를 통해 성장해왔던 종로의 유통기한 역시 다됐음을 알리는 신호이기도 했다. 이후 종로는 정치와 문화를 중심으로 하는 새로운 질서의 공간으로 천천히 재편되었다. 그리고 한때 종로의 상징이었던 부(富)와 성장의 헤게모니가 강남으로 옮겨갔고, 그곳을 중심으로 새로운 가치와 질서가 꽃을 피웠다. 도시화를 위해 전국의 산과 땅이 본격적으로 뚫리고 파헤쳐지기 시작한 것도 이때쯤이다. 도시 중심의 새로운 질서가 시작된 것이다.

잠실에 건설된 555미터의 롯데타워와 새롭게 건설되고 있는 569미터의 현대 신사옥은 그때의 세운상가를 떠올리게 한다. 거대한 이 두 건물에는 주위를 압도하는 독보적인 존재로 각인되고 싶어 하는 대표의 공간 마인드가 녹아 있다. 압도적 존재감을 위해 주위와의 조화는 전혀 신경 쓰지 않는 모습이다. 이는 비슷한 세력의 사람끼리 모여 동종집합(同種集合)의 균형을 이어가던 기존의 강남과는 사뭇 다른 모습이기도 하다. 노골적으로 과시하며 당당하지만 자신만의 세상에 고립됨을 즐기는 또 다른 시대의 질서가 서서히 잉태되고 있는 것이다.

공간의 유통기한이 다됐음을 알리는 이런 증상은 개인의 공간에서도 비슷하게 일어난다. 가장 흔하게 나타나는 증상은 내가 사는 곳과 어울리지 않는 물건들이 집 안을 하나둘 채우는 것이다. 한 지인은 어느 날, 아담한 크기의 안방에 고가의 트윈모션 침대를 들여놨다. 포근한 잠자리와 안락한 부부만의 공간을 위해서였다. 그런데 최첨단 기능을 가진 침대는 안방의 크기에 비해 너무 컸다. 침대를 위해 안방에서 거실로 옮겨진 책장과 서랍장은 자리를 잡지 못해 어색했고, 주변에 물건들이 점점 쌓이며 집은 어수선해졌다. 결정적으로 새 침대의 분리된 매트리스는 이불 하나를 덮고 자던 부부 사이를 갈라놓는 확실한 구획이 되었다. 여유가 없어진 안방은 답답한 느낌이 들었고, 새 침대를 들여놓은 이후 부부는 오히려 각방을 쓰는 날이 많아졌다.

또 다른 지인은 거실에 벽지나 가구들과 전혀 어울리지 않는 검은색 암막 커튼을 쳤다. 그리고 키 큰 파티션을 구입해 집 안을 가리고 분할했다. 그의 집은 예전에 방문했을 때 느꼈던 심플함과 시원함이 사라지고 어둡고 그늘진 느낌이 짙게 배

●

종로를 경계로 종묘와 세운상가가 마주보고 있다. 유교 전통과 근대정신이 한 공간
에서 힘겨루기를 하는 형국이다.

어 있었다. 지인은 방대한 자료를 정리해야 하는 직업상 집에서도 집중력을 높이기 위한 인테리어라고 말했지만 정작 요즘 그는 집이 아닌 근처의 카페를 전전하며 작업을 하고 있다. 집에서는 이상하게 일이 손에 잡히지 않는다는 것이다.

기존의 집과 어울리지 않는 이런 시도들은 집의 유통기한이 다됐음을 알리는 전조 증상과 같다. 실제로 직관이 발달한 사람들은 뭔가 달라진 느낌을 받는다. 분명 집에 오기 전까지는 기분이나 컨디션이 괜찮았는데 현관문을 여는 순간 마음이 울적해지고 무거워지는 것이다. 편히 쉬고 충전해야 할 공간이 신경을 더 날카롭게 만드는 것 같은 느낌이 들기도 한다. 집에서 쉬면 쉴수록 몸이 아프고 모든 게 마음에 들지 않기 시작한다. 가구는 낡아 보이고 어디선가 퀴퀴한 냄새가 나는 것 같고 거실의 불빛마저 짜증이 난다. 이런 집에 살고 있는 내가 한심해 보이기도 한다. 남들이 보기에는 좋은 집, 좋은 환경처럼 보일지라도 내 눈에는 부족하고 지루해 보이는 것이다. 마치 헤어지기 전의 연인처럼 처음 집을 고르고 꾸몄을 때의 장점은 보이지 않고 단점만 크게 보이는 것이다.

또 한 가지 증상은 집에 대한 그리움이 더 이상 느껴지지 않는 것이다. 먼 곳으로 여행을 가면 집이 그리워지게 마련이다. 하루 이틀 여행을 하다 보면 처음의 흥분은 가라앉고 집이 제일이고 집보다 편한 곳이 없다고 생각하게 된다. 그런데 반대인 경우가 있다. 집에만 들어오면 밖으로 나가고 싶고 여행에서 도착한 그 날부터 또 다른 여행 계획을 세우기 시작한다. 여행 가방은 늘 대기 중이고, SNS에는 낯선 곳에 대한 정보들로 가득 차 있다. 한곳에 정착하지 않는 유목민처럼 자신의 집을 텐트 정도로 여기는 것이다.

물론 이런 변화가 다른 요인에 의해 생길 수도 있다. 함께 살고 있는 사람이나 여러 가지 사건 때문에 기분이 바뀌고 변화를 주고 싶을 수도 있다. 하지만 이 모든 변화는 결국 내가 사는 공간에 담겨질 수밖에 없고, 지금의 공간이 이제는 더 이상 내면의 변화를 담아내지 못하게 됐다는 것을 의미한다. 개인적 공간의 유통기한이 다된 것이다.

이럴 때 우리의 선택은 두 가지다. 과감하게 다른 집으로 이사하거나, 공간의 부족한 에너지를 채워 유통기한을 늘리는 것이다. 공간 에너지가 다시 채우기 힘들 정도로 너무 떨어졌다면, 더 나은 곳을 찾는 게 최선책이다. 그러나 이사는 당장 계약 문제나 돈, 자녀 교육 등 여러 가지 복잡한 문제와 직결되어 있기에 쉽게 결정할 수 없다. 그럴 때는 적극적으로 유통기한을 늘리는 방법을 생각해볼 필요가 있다.

유통기한을 늘리고 싶다면
공간 에너지를 충전하라

———

사람이 건강한 몸을 유지하기 위해서는 좋은 음식을 먹고 꾸준히 운동을 해야 한다. 공간도 이와 다르지 않다. 건강한 양분과 적당한 순환이 공간의 에너지 레벨을 높여줄 수 있다. 그렇다면 항상 그곳, 그 자리에서 움직이지 않는 공간에 줄 수 있는 최고의 양분은 무엇일까. 당연히 그곳에 살고 있는 사람의 '건강한 의식'이다. 밝고 건강한 생각과 감정은 나는 물론, 내가 있는 공간까지 빛나고 건강하게 만든다.

의식 수준을 높여 긍정적인 공간의 에너지장을 만들기 위해 내가 자주 권하는 방법은 '낭송'이다. 오랜 세월 동안 검증된 동서양의 고전이나 존경하는 작가의 작품 혹은 성경이나 불경 같은 종교적인 책을 읽는 것도 좋다. 수행의 경험이 있는 사람이라면 자신만의 만트라(mantra)를 외우는 것도 좋은 방법이다. 내 마음을 감동시키고 나를 돌아볼 수 있게 했던 책이나 글이라면 무엇이든 괜찮다. 하루에 5분만이라도 일정한 공간에서 소리 내 읽거나 외우면 그 파장이 내 몸 그리고 집 안에 새로운 에너지를 불어넣어준다.

낭송이 일상화되었다면 다음 단계는 '고요함'이다. 하루에 딱 5분만 집에서 고요함의 시간을 가져보는 것만으로도 공간의 에너지 레벨을 비약적으로 높일 수 있다. 어린아이가 있는 집이라면 아이를 재운 밤 시간 혹은 잠자기 전 시간을 활용하는 것이 좋다. 언제나 붙잡고 있던 휴대폰을 잠시 내려놓고 온몸의 긴장을 풀면서 조용히 눈을 감아보는 것이다. 이왕이면 정좌를 하는 것이 좋지만 편안한 의자에 앉아도, 침대에 누워도 괜찮다. 처음에는 어색하고 온갖 생각이 떠오른다. 이럴 때 굳이 생각을 버려야겠다는 생각도, 고요해져야겠다는 의식도 할 필요가 없다. 생각을 버려야겠다고 생각할수록 생각은 더 많아지고, 고요함을 의식할수록 오히려 더 시끄러워진다.

중요한 것은 아무것도 하지 않는 것이다. 어떤 일에 대해, 또는 나에 대해 하루 종일 가혹할 정도로 해왔던 판단과 지시를 멈춰야 한다. 좋은 생각이든 나쁜 생각이든 생각이 떠오르면 지나갈 때까지 그냥 지켜봐야 한다. 그렇게 5분 묵상을 매일 반복하면 어느 순간 하루 종일 힘을 주고 있던 미간과 나도 모르게 올라가 있던 어깨, 상처를 피해 굳게 닫혀 있던 마음들이 느껴진다.

평소에 전혀 모르고 있던 내 몸의 경직된 부분을 느낄 때, 그곳이 비로소 풀리고 이완되기 시작한다. 그러면 마치 샤워를 한 것처럼 몸과 마음이 명쾌하고 선명해지는 느낌을 받을 수 있다. 그리고 이런 침묵의 에너지는 그대로 내 주위의 공간과 공명하며 힘없이 정체되고 긴장돼 있던 공간 역시 풀어주고 해독해준다. 단순히 말을 하지 않는 것뿐 아니라 복잡한 머릿속의 볼륨까지 잠시 꺼두고 마음까지 침묵할 때, 역설적으로 내가 얼마나 소중한 존재인지를 느낄 수 있다. 사랑하던 사람과 멀리 떨어져 있을 때 그의 소중함을 더 진하게 느끼는 것처럼. 고요히 자신에게 의식을 집중시킬 때 나도, 공간도 충만해지기 시작한다.

나에게 가장 편한 사람은 어떤 사람일까. 옆에 가만히 있기만 해도 자연스럽고 불편하지 않은 사람이다. 공간도 마찬가지다. 말 없는 시간, 고요한 침묵이 소중하게 느껴지는 나만의 작은 공간을 만들어보자. 그곳이야말로 둘도 없는 치유의 공간이자 집 안의 강력한 에너지 충전소가 되어줄 것이다.

공간의 유통기한을 늘리기 위해 놓치지 말아야 할 또 하나의 키워드는 '순환'이다. 공간은 사람처럼 직접 발로 뛰며 운동을 할 수 없다. 그런 공간을 움직이게 하고 순환하게 하려면 말 그대로 적당한 삶의 '마디'마다 변화를 줄 필요가 있다.

집 안에 자연을 끌어들일수록
유통기한이 길어진다

─────

나는 출간이나 연재 등 중요한 프로젝트가 하나 끝나면 반드시 서재의 배치를 바꾼다. 3평 정도밖에 되지 않는 작은 공간이지만 책상의 방향을 바꾸거나 작은 보조 책장을 들이거나 하다못해 벽에 걸린 그림이라도 바꾼다. 이는 그저 단순한 징크스가 아니다. 그렇게 하지 않으면 유통기한이 지난 음식을 먹은 것처럼 나도 모르게 병들고 가라앉는 느낌이 들기 때문이다. 서재라는 작은 방에서 글을 쓰느라 온갖 에너지를 다 끌어다 쓴 탓에 공간 에너지가 쇠한 것이다. 농사에 비유하면 똑같은 땅에 너무 오랫동안 작물을 키워 지력이 쇠한 것과 비슷한 이치다. 이럴 때는 순환농법처럼 공간의 용도를 바꿔주는 것이 좋다. 너무 오랫동안 생각하고 일하는 공간으로 썼다면 그곳을 잠시 휴식의 공간으로 바꿔주고, 고요했던 공간이라면 시끄러운 공간으로 써보는 것이다.

또한 같은 공간이라도 가구의 배치를 바꾸고 소품에 변화를 주어 공간에 새로운 기류와 분위기를 만들어줄 필요가 있다. 화합물의 분자 구조가 달라졌을 때 전혀 다른 물질이 만들어지는 것처럼 크고 작은 변화를 주는 것만으로도 완전히 다른 공간이 될 수 있다. 그리고 그에 맞는 새로운 에너지가 다시 세팅될 수 있다. 직장인이라면 힘든 프로젝트가 끝났을 때, 학생이라면 중요한 시험이 끝났을 때, 주부라면 계절이 바뀌었을 때 공간을 조금만 바꿔주면 그곳에 사는 사람도, 공간도 새로운 활력을 얻을 수 있다.

인테리어를 바꾸기로 마음먹었다면, 리모델링을 하기로 마음먹었다면 이왕이면 자연을 끌어들이는 방식을 고민해보는 것이 좋다. 인공 재료보다 그 자체로 에너지를 품고 있는 천연 재료를 써볼 것을 권한다. 흙, 나무, 돌 등 최대한 자연에 가까운 재료를 쓸 때 집 안 에너지의 유통기한이 더 늘어난다. 물론 자연을 끌어들일수록 집은 불편하고 손봐야 할 곳이 많아진다. 그러나 사람을 움직이게 하고, 몸을 쓰게 만드는 그 과정이 새로운 에너지를 만들어내는 발전기 역할을 할 수 있다.

자연을 끌어들이는 또 다른 방법은 '계절을 느끼는 것'이다. 시를 쓰는 내 친구는 도시에 살면서도 봄에는 민들레를 따서 말리고, 가을에는 고추를 말리고, 대봉으로 홍시로 만들어 먹는다. 창가에 풍경(風磬)을 달아 바람 소리를 들으며 계절마다 피는 꽃을 말려 차로 마신다. 건조해지면 솔방울에 물을 뿌려 천연 가습기로 쓰기도 한다. 이처럼 철마다 자연의 소리와 냄새, 맛, 향을 집 안으로 끌어들인 덕분에 그의 집은 갈 때마다 늘 새로워 보이고 숲속 오두막에 온 듯한 청량한 기운을 느끼게 해준다. 자연을 받아들이는 그의 부지런함이 집을 늘 충전시키고 있는 것이다.

마지막으로 집에 사람들을 초대하는 것도 에너지를 순환시키는 방법 중 하나다. 뜻이 맞고 대화가 잘 통하는 사람들, 같이 있는 것만으로 힘이 되는 사람들이 집 안의 에너지도 긍정적으로 바꿔준다. 때로는 존경하는 선배나 스승, 눈 맑은 성직자를 모셔서 대접하는 것도 좋다. 에너지 레벨이 높은 사람들은 다녀간 자리도 맑고 청정하게 만들어준다. 귀한 분을 모시기 전에는 자연히 집 안의 묵은 때를 벗기고 정성을 들이게 되니 공간의 분위기를 환기시키는 더없는 기회가 된다.

2년의 전세 계약이
곧 유통기한이 되는 시대

큰 도시의 유통기한은 그곳에 사는 다양한 사람의 마음을 반영하기에 쉽게 늘어나지도, 빨리 줄어들지도 않는다. 그렇기 때문에 도시의 유통기한은 억지로 변화시키려 노력하는 것보다 시대의 요구와 변화를 읽어 새로운 질서에 대응하는 것이 더 중요하다. 반면 개인의 공간은 자신의 생각과 의지가 반영되는 곳이기에 현실에 맞는 조절이 가능하다. 하지만 요즘 대다수의 가정이나 가게는 1~2년 단위로 갱신해야 하는 전세나 월세 계약에 매여 있다. 세입자뿐 아니라 세대주 역시 큰돈이 오가는 이 주기를 중심으로 자신의 공간을 다룬다. '어떻게 살고 있느냐'가 아니라 '얼마나 살았느냐'로 공간의 유통기한이 정해지는 것이다. 이럴 때 공간의 내력(來歷)은 사라지고 계산 가능한 공간의 이력(利歷)만 남게 된다. 이런 환경에서 공간에 대한 깊은 관심과 애정을 갖는 것은 쉬운 일이 아니다.

그럼에도 공간의 유통기한을 아는 것이 중요한 것은 공간을 다루는 기술이 우리가 삶을 다루는 기술과 밀접한 관계가 있기 때문이다. 자의든, 타의든 짧은 유통기한을 갖는다는 것은 내가 맺는 관계의 유통기한 역시 그만큼 짧아질 수 있다는 말이기도 하다. 그 짧은 기한에 맞춰 소비되는 삶은 얄고 초조할 수밖에 없다. 이런 불안한 삶은 나를 성장시키지 못하는 가장 큰 한계가 된다. 그렇기에 우리는 현실을 압박하는 물리적 제한을 넘어 내 리듬에 맞는 자신만의 유통기한을 만들고 다룰 줄 알아야 한다. 그래야만 비로소 자중자강(自重自强)하는 자신의 삶을 발견할 수 있게 될 것이다.

5

.

가족 관계의
흐름이 달라지는
공간 활용법

공간에도
민주주의가 필요하다

집이라는 공간은 생각보다 많은 것을 보여준다. 집주인의 취향, 성격은 물론이고 생각의 논리회로, 일종의 알고리즘(algorithm)까지 무의식적으로 투영한다. 나는 조용히 읊조리는 음악을 좋아하고, 강약이 없는 단조로운 글을 쓰며 별것 아닌 소소한 농담에 웃음이 터진다. 그래서인지 내가 꾸미는 공간도 자연스레 복잡한 장식이 없는 심심한 공간이 되곤 한다. 보이는 것 이면의 '근원'을 추구하는 내 알고리즘이 투영된 까닭이다. '여러 가지가 섞여 있는 저 색들의 바탕은 무엇인가', '기교적으로 꾸며놓은 장식물을 만들어낸 근원의 에너지가 무엇인가' 등 모든 것이 시작된 최초의 점들을 깊이 쫓아갈수록 분별은 사라지고 형태는 무의미해진다.

요즘 미니멀리즘(minimalism)이 유행하고 있다. 최소한의 가구와 소품만 두는 심플한 인테리어 안에도 고유한 알고리즘이 숨어 있다.

'단순화시킬 수 있는가, 없는가.'

집이라는 공간을 가장 손쉽게 단순화하려면 비우고 버리는 것이 최고다. 공간을 미니멀리즘으로 꾸미는 사람은 누군가를 만날 때도, 일을 할 때도 관계를 단순화하고 싶은 욕구가 꿈틀댄다. 개인주의가 강해질수록 미니멀리즘 인테리어가 강세인 것이 자연스러운 이유다. 지금 내가 만든 공간을 보면 내 머릿속 세상이 보인다. 내가 공간을 구획하고, 분할하고, 배치하는 방식대로 생각하고, 판단하고, 실행해나간다.

경기도 이천 중심가에 있는 A 씨의 집도 집주인의 알고리즘을 선명하게 보여주었다. 그의 집은 40평대의 비교적 새 아파트로, 지난해에 리모델링을 한 상태였다. 한눈에 보아도 트렌디하고 깔끔했다. 최근 인터넷 블로그에서 유행하는 스타일로 꾸민 탁 트인 주방, 작은 유아용 세면기가 있는 욕실, 아이들의 책과 장난감으로 채워진 거실과 방들. 이런 집 안의 포인트들을 하나로 연결하니 A 씨만의 알고리즘이 보였다.

'지금 당장 만족스러운가, 그렇지 않은가.'

A 씨는 직면한 현실에 집중하고 빨리빨리 해결해나가는 스타일이었다. 그러다 보니 유행에 민감했다. 특히나 주방은 리모델링을 앞두고 유명 블로거들의 집을 폭풍 검색해 트렌디한

포인트들을 한데 모은 것이라고 했다. 어른용 세면기 옆에 두 아이를 위한 작은 세면기를 따로 놓은 것도 같은 맥락이었다. 아이가 자라면 쓸모가 없기 때문에 발판을 두는 경우가 대부분이지만 '지금 당장'이 중요한 A 씨에게 유아용 세면기는 꼭 필요한 아이템이었다. 아이들 책과 물건들로 채워진 거실과 방들 역시 요즘 그녀가 집중하고 있는 것이 '교육'이라는 것을 분명히 보여주었다. 안방을 제외한 3개의 방이 모두 아이들의 공부방과 놀이방으로 꾸며져 있었고, 거실 한 켠에도 아이들의 책상과 책장이 자리 잡고 있었다. 이 집은 한마디로 두 아이만을 위한 40평짜리 키즈카페이자 공부방인 셈이었다. 사실 A 씨를 만나게 된 것도 아이들에게 도움이 되는 공간을 꾸미고 싶다는 요청 때문이었다. 그러나 이 집을 돌아본 뒤, 정말 궁금한 것은 따로 있었다.

"방이 4개나 되는데 가장의 공간은 없나요? 아빠도 쉬고 재충전할 공간이 필요할 텐데요."

"그렇긴 한데, 아빠가 방에 있으면 어차피 아이들이 따라 들어가 같이 놀기 때문에 따로 공간을 두는 게 의미가 없어서요."

그때 옆에서 조용히 앉아 있던 A 씨의 남편이 한숨을 내쉬며 말했다.

"이 넓은 집에 제 공간은 딱 한 곳밖에 없어요. 욕실 안 작은 욕조요. 제가 유일하게 혼자 쉴 수 있는 공간이죠."

개인 사업을 하는 A 씨의 남편은 젊은 나이에 꽤 성공했지만 그만큼 일에서 받는 스트레스가 상당했다. 그러나 대부분의 대한민국 가장이 그렇듯, 그 역시 집 안에서 쉴 곳이 없었다. 다행히 워낙 가정적인 성품이라 지금까지는 아내가 원하는 대로 군말 없이 따랐지만 지치고 예민한 날에는 부부가 충돌하는 일도 잦았다. 이 날도 두 사람 사이에 보이지 않는 긴장감이 흘렀다.

"집 안 전체에서 아이들을 소중히 잘 키우려는 엄마의 노력이 고스란히 느껴져요. 그 부분은 남편분도 인정하고 계시죠? 그런데 중요한 것은 이곳은 아이들만의 집이 아니라는 거예요. 부모도 함께 쉬고 성장할 수 있는 공간이어야 하죠. 그런 의미에서 지금 이 집에는 '공간 민주주의'가 필요해요."

우리는 국민이 주인이 되어 자유와 권리를 보장받는 민주주의를 현실에서 구현하기 위해 언제나 애쓴다. 내 권리를 침해당하는 일을 불의로 규정하고 당당히 맞서 싸우기도 한다. 그러나 아이러니하게도 우리의 삶과 밀착된 생활 공간은 민주주의 알고리즘대로 구현되지 않는다. 가족 구성원 모두가 주인이 되어 각자의 의견과 취향, 개성을 반영해 꾸민 집은 의외로 많지 않다. 당시 집에서 주도권을 쥐고 있는 한 사람의 판단과 가치, 기호에 의해 꾸며지는 경우가 대부분이다. 그리고 이는 필연적으로 가족 간의 불통을 불러온다. A 씨의 집처럼 엄마가 아이들 위주로 공간을 꾸민 집들도 마찬가지다. 내 경험에 비추어 보았을 때 이런 집들은 하나같이 부부 사이에 문제가 있었다. 곁에서 봤을 때는 그저 엄마의 교육열이 높은 집처럼 보일 수 있지만, 사실은 병든 공간일 가능성이 크다.

온 가족이 함께 사는 집 전체가 특정한 한 가지 아이템으로 도배되어 있다고 상상해보자. 아빠가 분재를 너무 좋아해 거실이며 주방, 베란다, 심지어 아이들의 방에도 분재가 가득 채워진 집에 들어가면 어떤 기분이 들까. 아마도 강박증 환자를 보는 듯한 숨 막힘이 밀려올 것이다. 실제로 이렇게 집을 꾸미면 가족들은 사방에 널린 분재를 보며 끊임없이 분재에 대한 이야기만 한다. 이런 집에서는 가족 간에 제대로 된 대화가 오갈 리 없다.

아이의 물건으로만 채워진 집도 크게 다르지 않다. 이런 집은 엄마의 머릿속에 오직 아이만 있다는 것을 보여준다. 반대로 말하면, 아이 외에는 삶의 희망과 즐거움이 없다는 이야기다. 유독 자녀와의 추억이 담긴 물건들을 버리지 못하는 것은 지금 새로운 추억을 만들지 못하고 있다는 의미다. 그리고 아내가 남편에게 아이 이야기만 한다는 것은 부부가 오로지 아이를 매개로만 소통하고 있다는 증거다.

가족의 감성과 기호가
골고루 들어간 집이 건강한 집이다

한 사람의 의견대로 공간이 만들어지거나, 한 사람이 아끼는 물건으로만 채워진 독재적인 공간은 사람으로 치면 강박증이나 자폐증에 걸린 것과도 같다. 때문에 공간도, 그곳에 사는 사람도 건강하려면 공간 민주주의가 구현되어야 한다. 가족 구성원 모두에게 민주적으로 공간을 배분하고, 각자의 물건이 적당한 조화와 균형을 이루는 것이 무엇보다 중요하다. 그런 면에서 나는 A 씨에게 남편의 방을 따로 마련하는 것이 좋겠다고 충고했다.

"물론 아이들이 자연스럽게 아빠 방에 들어가겠지만, 심리적으로 내 방이 있느냐, 없느냐의 차이는 굉장히 큽니다. 작더라도 집 안에 내 영역, 내 공간이 있어야 아버지로서의 자존감이 지켜질 수 있어요. 지금처럼 정서적 유목민 생활을 계속하면 마음이 집에 안착하지 못하고 밖으로 떠돌게 될 가능성이 있습니다."

실제로 대한민국의 수많은 아버지가 자신만의 공간을 잃어버린 채 '소파 유목민', '자동차 유목민'으로 살아가고 있다. 아내들은 남편들에게 왜 소파에 붙어서 떨어지질 않느냐, 왜 집에 일찍 들어오지 않느냐고 타박하지만 사실 남편들은 그곳 외에는 갈 데가 없다. 남편을 집 안에서 활력 있게 움직이게 하려면 그럴 수 있는 공간을 만들어주는 것이 중요하다. 형편상 방 하나를 내줄 수 없다면 안방의 한쪽 코너나 거실 한 켠도 좋다. 남편이 안정감을 느낄 수 있는 의자, 소중히 여기는 물건을 둘 수 있는 책상 등 그만의 영역, 함부로 터치하지 않는 '자치 구역'을 만들어주는 것이 좋다. 아무리 작은 공간이라도 구획하고 편집하는 힘만 있으면 가능하다.

이처럼 공간의 분배에 어느 정도 균형이 잡혔다면 인테리어적인 면도 살펴볼 필요가 있다. 요즘 자신의 집을 촬영해 SNS에 공개하는 '온라인 집들이'가 유행하면서 세련되고 감각적인 인테리어에 대한 관심이 그 어느 때보다 높다. 그런데 많은 사람이 부러워하고 따라 하고 싶은 집들은 눈에 보이는 분명한 콘셉트가 있다. 빈티지 하우스, 북유럽 인테리어 등 보통 한 가지 콘셉트로 집을 꾸민다. 집 안 전체의 색깔, 가구, 심지어 디테일한 소품까지 깔끔하게 통일되어 있는 집들도 있다. 물론 디자인적으로, 심미적으로는 아름다울 수 있지만 가족 간의 소통을 생각한다면 다시 고민해볼 필요가 있다. 엄마가 북유럽 인테리어를 좋아한다고 해서 남편과 자식까지 기호와 취향이 같을 리 없다.

　우리는 때론 매스 게임(mass-game) 같은 공간이 아름답다고 생각하기도 한다. 과거 공산권이나 독재 시대에 유행했던 집단 체조는 한 치의 오차 없는 일사불란함으로 체제의 견고함을 과시했다. 언뜻 보기에는 화려해 보이지만 자유분방함에 익숙한 사람들의 눈에는 과도한 권위주의의 산물일 뿐이다. 그런데 집이라는 공간을 꾸밀 때는 한 사람의 기호대로 일사불란하게 꾸며진 집, 일방적인 인테리어를 멋있다고 느낀다. 뭔가 콘셉트가 통일되지 않고 부조화로우면 산만하다고 느끼는 것이다. 그러나 조금 산만해도 가족들의 감성과 기호가 골고루 들어간 집이 건강한 집이다. 집 전체의 콘셉트에 맞지 않을지라도 각자의 방만큼은 취향대로 꾸미게 해주어야 한다. 또한 거실 같은 공용 공간은 가족들의 취향이 골고루 묻어 있어야 모두에게 편안하고 자연스러울 수 있다.

인테리어 콘셉트보다
공간의 철학이 먼저다

―――――

나는 지금의 집으로 처음 이사 왔을 때 인테리어 콘셉트보다는 가족 모두가 공감할 수 있는 '공간의 철학'이 있었으면 좋겠다고 생각했다. 그래서 가족들과 함께 만든 공간의 철학은 '영감이 떠오르는 집'이었다. 그리고 우리는 각자의 방식대로 공간을 꾸미기 시작했다. 공들여 섬세하게 만든 목재 가구나 독특한 균형감을 가진 물건을 보면 영감이 떠오르는 나는 서가와 진열대를 꾸몄다. 항아리나 구슬처럼 둥근 공예품을 보면 좋은 생각이 떠오르는 아내는 차 항아리와 수정 구슬을 거실 한 켠에 두었다. 그림 그리는 것을 좋아하는 아이들은 자신의 작품들을 벽에 붙여놓고 볼 때마다 즐겁게 재잘댄다.

나침반 같은 공간의 철학을 만들되 이를 구현하는 방식은 각자에게 맡기는 것, 이것이 내가 생각하는 공간 민주주의다.

'국민이 행복하게 잘사는 것이 공통의 지향점'일지라도 이를 구현하는 방식은 보수일 수도, 진보일 수도 있다. 그것을 허용해주고 인정해주는 것이 바로 민주주의 국가이고 살기 좋은 나라이듯, 공간도 각자의 취향과 요구를 인정해줘야 소통이 원활하게 이루어지고 활기를 띤다. 지금부터라도 공간에 정해진 지도를 만들려 하지 말고 나침반 같은 철학을 만들어보는 것은 어떨까.

공간 민주주의가 이루어졌다면 그다음 생각해야 할 것은 그 민주적 공간을 어떻게 꾸미느냐다. 이때 중요한 것은 공간을 차지하는 가구나 소품들의 위치다. 하지만 자가 설계가 아닌 대부분의 집은 가구나 가전제품을 두어야 할 위치가 이미 정해져 있다. 거실은 한쪽 벽에 TV를 두고 반대편 벽에 소파를 두게끔 설계되어 있고, 거실과 연결된 주방은 냉장고나 식탁을 둬야 할 곳에 콘센트며 조명이 미리 설치되어 있다.

익숙하다 못해 당연시되는 이런 기획된 공간들은 우리도 모르는 사이에 공간의 기능을 한정하고 그곳에서 할 수 있는 일의 성격도 제한해버린다. 예컨대 주방과 거실이 붙어 있는 주택 구조는 편의점 휴게실처럼 주방의 접근성을 높여 냉장고 문을 자주 열게 만든다. 이런 편의성은 냉장 음식에 대한 욕구를 늘리고 직접적인 소비와도 연결된다. TV와 소파가 마주하는 거실에서는 소파에 기대 TV를 보는 것이 가장 자연스런 일이다. 공간의 기능이 극장 같아 거실에 모여 가족 간의 대화를 하려 해도 눈과 귀가 습관적으로 TV를 향해 대화는 금방 끊겨 버린다.

그렇다고 해서 할 수 있는 일이 전혀 없는 것은 아니다. 이미 자리가 정해져 있어 선택의 여지가 없는 공간이라 해도 소품의 거리와 위치의 변화만으로도 공간은 다른 느낌과 에너지를 만들어낸다. 개울물에 디딤돌을 두면 돌 주위의 유속이 달라지고 흐름이 바뀌듯 어떤 물건을 어디에, 어떻게 배치하느냐에 따라 그 공간에 흐르는 에너지의 흐름도 달라진다.

이때 필요한 스페이스로지, 공간의 기술이 바로 '120도 법칙'이다. 《눕기의 기술》이라는 책을 쓴 베른트 브루너는 대략 127도 정도로 편히 기댄 자세가 척추에 가장 편안한 자세라고 설명한다. 일직선이 되게 눕는 것이 아닌 적당히 구부러진 자세에서 척추가 받아야 하는 저항이 최소화되고 긴장이 풀어진다는 것이다. 마찬가지로 누군가가 이 정도 각도로 기댄 자세를 보면 우리는 본능적으로 안락한 휴식을 상상하게 된다. 그리고 이런 몸의 감각은 우리가 세상을 느끼는 방식에도 그대로 적용된다.

예를 들면 우리가 누군가를 껴안기 위해 가장 편안한 자세로 펼치는 팔의 각도나 평온 속에서 기도하며 합장할 때 모아지는 자연스러운 손의 각도가 대략 120도 정도다. 도형 중에서

가장 견고하고 안정적으로 보이는 벌집의 육각형 역시 120도
로 벌어져 있다.

'대화의 각'이 달라지는
'120도 법칙'

120도 법칙은 심미성뿐 아니라 영혼을 다루는 운명학에서도 중요한 역할을 한다. 서양의 점성학에서 영혼과 마음의 조화가 이루어진다는 트라인(trine)은 행성 간의 위치가 120도가 될 때를 말한다. 서로 다른 3개의 힘이 모여 하나의 강력한 힘으로 변하는 명리학의 삼합(三合)도 중심에서 보았을 때 각 지지(地支)가 120도의 관계를 맺는다.

　이런 120도 법칙을 집 안에도 적용할 수 있다. 대화를 위한 가장 중요한 가구인 소파의 위치를 잡아보자. 집에 있는 소파가 일자형이라면 마주 보고 앉을 수 있는 일인용 소파나 안락의자를 마련하는 것이 좋다. 거실이 좁아 불가능하다면 방석도 괜찮다. 소파 사이에는 테이블을 둔다. 이때 중요한 것은 의자들의 위치가 120도가 될 수 있도록 조정하는 것이다. 마주

●

소파를 중심으로 만들어진 공간은 마치 산맥이 병풍처럼 둘러싸고 있는 풍수 명당처럼
기운이 힘 있게 모인다. 서로를 소통시키고 이어주는 '보이지 않는 원동력'이 되는
것이다.

볼 수 있는 긴 소파가 있다면 앉는 자리를 조정하면 된다. 이렇게 공간 배치를 하고 나면 서로 앉아서 대화할 때 의외의 안정감을 느낄 수 있다. 많은 사람이 누군가를 대할 때 눈을 보고 마주 앉는 것이 좋다고 생각하지만 오히려 관찰당하는 느낌이 들어 무안할 때가 있다. 또한 입에서 나오는 말도 90도 직각처럼 직선적으로 나오기 쉽다. 120도 각도를 유지해보면 시선 처리의 편안함을 느낄 수 있다. 카페 같은 곳에서 차를 마시거나 대화를 할 때도 살짝 옆으로 비켜난 곳에 앉으면 좀 더 부드러운 대화가 가능해진다.

한쪽 편에 의자나 소파를 뒀다면 120도 각을 이루는 반대편에는 가족 모두의 추억이 담긴 소품이나 각자가 흥미롭게 읽었던 책 등을 진열하는 장식장을 두는 것이 좋다. 사람의 시야각 역시 120도 정도 되는데, 이는 내가 시선을 맞추지 않고도 어렴풋이 인지할 수 있는 범위다. 그 범위 안에 내가 좋아하고 함께 즐거워했던 물건을 두는 것만으로도 무의식적인 긍정의 신호를 받게 된다. 잔잔히 깔리는 드라마의 배경 음악처럼 대화에 리듬을 실어주고 분위기를 만들어주는 역할을 하게 되는 것이다. 이렇게 소파를 중심으로 만들어진 공간은 산맥이 병풍처럼 둘러싸고 있는 풍수 명당처럼 기운이 힘 있게 모인다. 넓어 보여야 한다는 이유로 거실을 휑하게 두면 거실의 에너지가 분산되어 온기를 잃게 된다. 반면 힘 있는 공간은 그곳에 있는 사람을 무기력하게 두지 않는다. 서로를 소통시키고 이어주는 '보이지 않는 원동력'이 되는 것이다.

이처럼 소통할 수 있는 힘이 모이는 구조가 만들어졌다면 마지막으로 그곳에 구심점이 될 수 있는 무언가가 더해져야 한다. TV, 휴대폰, 컴퓨터는 각자의 관심을 분산시키는 물건이다. 요즘엔 TV를 없앤 집도 많은데, 무작정 TV를 없애는 것만이 해결책은 아니다. TV를 없애면 각자 휴대폰을 들고 방에 들어가 꼼작도 하지 않기 때문에 차라리 함께 앉아 TV를 보는 편이 나을 수도 있다.

중요한 것은 가족 간의 대화와 소통의 구심점을 TV에만 의지하지 말라는 것이다. 가족의 화목이라는 가치가 정말 소중하다면 조금 더 적극적으로 노력할 필요가 있다. 그렇다고 소통의 구심점이 너무 진지하거나 대단할 필요는 없다. 아이들의 구심점은 뭐니 뭐니 해도 '장난감'이다. 재미있는 장남감만 하나 있으면 아이들은 자연스레 모여들고 서로 떠들며 즐겁게 놀기 시작한다. 저마다 성격도 다르고 취향도 다르지만 같은 장난감을 자기만의 방식으로 갖고 놀기 때문이다.

거실을 가족 모두의
즐거운 놀이터로 만드는 법

나는 거실의 구심점도 가족 모두의 장난감이면 된다고 생각한다. 아빠 혹은 엄마 한 사람에게만이 아닌 모두가 편하고 재미있게 느끼는 일종의 '가족 놀이터'를 만들어보는 것은 어떨까. 물론 가족 공통의 취미나 공통점을 찾는다는 것이 생각보다 쉬운 일은 아니지만 그렇다고 해서 그리 어려운 일도 아니다.

직장인 A 씨는 맞벌이하는 아내를 위해 거실 한 켠에 긴 방석을 놓고 작은 '마사지실'을 만들었다. 계속되는 야근에 지친 상태로 귀가하는 아내가 안쓰러워 밤마다 발 마사지를 해준 것이 시작이었다. 아내도 서툰 솜씨로나마 남편의 등이며 어깨를 마사지해주기 시작했고, 마사지 장비도 몇 개 들였다. 그렇게 서로의 뭉친 근육을 풀어주다 보니 오가는 대화도 바뀌기 시작했다.

●

거실의 구심점은 '가족 모두의 장난감'이면 된다. 아빠 혹은 엄마 한 사람에게만이 아닌 모두가 편하고 재미있게 느끼는 일종의 '가족 놀이터'를 만들어보자.

"사실 저희는 결혼한 지 15년이 넘어서 평소에 별로 대화가 없었어요. 그런데 서로 마사지를 해주면서부터 긴장이 풀려서 그런지 말투도 부드러워지고, 서로 지금 왜 힘든지, 얼마나 힘든지 자연스럽게 알게 되더라고요. 그러다 보니 속 깊은 이야기도 많이 하게 되고요. 지금은 가족들이 몸이 좀 뻐근하다 싶으면 자연스럽게 방석에 누워요. 저 마사지 방석이 우리 집의 작은 놀이터인 셈이죠."

주부 B 씨는 거실 한 켠에 자신만의 소박한 수제 바(bar)를 만들었다. 요리에 관심이 많은 그녀의 취미는 각종 과일과 약초 등으로 수제청과 수제효소를 만드는 일이었다. 매실청, 레몬청 등을 만들어 가족들에게 한 잔씩 타주던 그녀는 아예 작은 테이블을 놓고 예쁜 병에 각종 청을 담아 진열했다. 그리고 바텐더처럼 주문을 받아 아이들에게는 탄산수를 넣은 레모네이드, 자몽에이드를 만들어주고 술을 좋아하는 남편에게는 직접 담근 약술을 한 잔씩 내줬다. 저녁 식사를 하고 나면 B 씨의 작은 바에서 음료를 마시며 수다를 떠는 것이 가족의 일상이 되었다.

이처럼 놀이터의 아이템은 무엇이어도 좋다. 보드게임도 좋고, 악기도 좋고, 책도 좋다. 중요한 것은 따뜻한 대화와 즐거운 교감이 오갈 수 있는 공간을 적극적으로 기획하고 만들어보라는 것이다. 그러면 그 공간은 반드시 우리에게 기대 이상의 선물을 준다.

철학자 알랭 드 보통은 '가장 고귀한 건축이 때로는 낮잠이나 아스피린이 주는 작은 위안에도 미치지 못한다'라고 말한다. 아무리 훌륭하고 아름다운 공간일지라도 우리에게 실질적인 힘을 주지는 못한다는 것이다. 하지만 꽃향기가 나는 종이로 싼 물건에서는 꽃향기가 나고, 생선 냄새가 나는 종이로 싼 물건에서는 생선 냄새가 나게 마련이다. 어떤 공간이 우리를 감싸고 있느냐에 따라 영향을 받을 수밖에 없다. 공간의 철학을 세우고 효율적인 구조를 만들고 공감하며 즐길 수 있는 놀이터를 만드는 것. 이는 소통이라는 종이로 우리를 감싸는 일이기도 하다. 그리고 그 공간에 담긴 우리는 어느새 소통하는 존재들이 되어 있을 것이다.

6

·

공부 잘하는

아이 방의 비밀

책장을 보면
아이의 뇌 구조가 보인다

중학생 아이의 방은 평범해 보였다. 굳게 닫힌 창문 앞에 책상이 놓여 있었고, 양옆에는 천장에 닿을 듯한 책장들이 길게 일렬로 서 있었다. 그 뒤에는 작은 침대도 하나 놓여 있었다. 보통 아이들의 방에 비해 책장이 높고, 많다는 것이 눈에 띄는 정도였다. 책장에는 빈틈이 없을 정도로 책과 참고서가 가득했다. 그런데 한눈에 보아도 책들이 어지럽게 뒤엉켜 있었고, 보지 않을 것이 분명한 옛날 책들까지 그대로 방치되어 있었다.

"애는 열심히 공부하는데, 원하는 만큼 성적이 나오지 않아 고민이에요. 학원도 보내고, 과외도 시키고 있는데 늘 조금씩 모자라요. 그래서 혹시 공간이라도 바꿔주면 도움이 될까 싶어 연락드렸어요."

아이 엄마의 이야기를 들으며 공간을 살펴보니 뭔가 짚이는 것이 있었다.

"공간을 바꾸기 전에 일단 책장부터 정리해야 할 것 같은데요. 아이가 초등학교 때 풀었던 문제집과 책까지 그대로 쌓여 있네요."

"안 그래도 너무 정신이 없어서 정리 좀 해보려고 몇 번이나 이야기했는데, 애가 절대 못 버리게 해요."

공간은 언제나 사람의 내면을 그대로 보여준다. 그것은 머릿속으로 생각하는 방식, 생각을 현실화하는 메커니즘까지 닮아간다는 말이기도 하다. 지금 책장은 아이의 뇌 구조와 닮아 있을 가능성이 크다. 여러 과목의 참고서, 교과서, 심지어 만화책까지 무질서하게 뒤엉킨 책장은 아이가 가진 지식의 시스템을 단면적으로 보여주었다. 정보의 옥석을 쉽게 가려내지 못할 정도로 구조와 체계가 잡히지 않은 상태일 것이 분명했다.

지식의 용량이 매우 큰 일부 사람을 제외하고는 필요 없는 것을 버려야 새로운 것을 받아들일 수 있다. 그런데 확실히 알고 있다고 해도 언젠가 잊어버릴 수 있다는 불안감 때문에 아는 것을 필요 이상으로 반복 학습하는 아이들이 있다. 성적에 대한 압박감으로 자존감이 낮아져 있을 때 나타나는 모습이다. 이런 상태라면 새로운 것을 배우고, 익히고, 지식을 통합하는 속도가 떨어져 노력한 만큼 성과가 나오지 않을 수 있다.

어떤 분야의 전문가라면 오래된 책을 쌓아놓는 게 문제될

리 없다. 그러나 입시 공부를 하는 학생이라면 이야기가 다르다. 입시의 기본은 기동성이다. 속도와 시간의 싸움에서 지면 경쟁력이 떨어질 수밖에 없다.

물론 오랫동안 만들어온 지식의 시스템을 한순간에 바꾸기란 쉽지 않다. 이럴 때는 내 머릿속을 거울처럼 보여주는 공부방을 바꾸는 게 도움이 된다. 버릴 건 버리고 모을 건 모으면서 정리하다 보면 복잡한 지식들도 머릿속에서 정리되기 시작한다. 언젠가 도움될 거라며 버리지 못한 필기 노트들을 깔끔하게 치우겠다고 마음먹으면 아이의 두뇌도 그에 맞게 시스템을 바꾼다. 카테고리를 만들고 구조화시켜서 생각의 틀 속에 끼워 맞추는 습관이 생기는 것이다.

또한 필요할 때 빨리 꺼내 쓸 수 있도록 책장을 일목요연하게 바꾸면 머릿속도 그에 따라 편집될 수 있다. 지식이 빠르게 순환되도록 공간을 바꿨을 때 가시적인 효과가 있다면 방향을 제대로 짚었다고 볼 수 있다. 실제로 아이에게는 이 방법이 통했다. 어지럽던 책장을 절반 가까이 비우고 과목별로 책들을 일목요연하게 정리하는 연습을 하면서 오랜 슬럼프에서 서서히 벗어나기 시작했다.

이처럼 우리가 살고 있는 공간은 우리 내면의 실사 버전이자 확장판이다. 공간은 언제나 거울처럼 가감 없이 나를 비춰준다. 때문에 내 패턴을 직접 바꾸기 어렵다면 마음의 확장판인 공간을 살피고, 작은 변화를 주는 것에서부터 시작할 수도 있다.

전통 풍수에서 공부에 영향을 미치는 공간은 공부하는 방이 아니라 집이 지어진 '터'였다. 과거 학문의 요람이었던 서원은 그 지역을 대표하는 산의 혈처에 자리를 잡았고 뱀처럼 구불거리는 문곡성(文曲星)이나 붓을 닮은 탐랑성(貪狼星)의 기세를 받는 곳을 공부의 명당으로 여겼다. 공부란 '나 홀로 머리를 굴리는 일이 아니라 자연의 기운과 공명하며 하늘의 뜻을 알아가는 일'이라 생각했기 때문이다.

반면에 요즘은 과거의 자연 합일적 공간이 아닌 기능적 공간이 대세를 이루고 있다. 인체공학적인 의자와 책상, 뇌의 알파파를 유도하는 조명이나 음악, 환경심리학에 근거한 인테리어 등을 이용해 얼마나 최적화된 기능적 공간을 만드느냐가 학습 공간의 화두가 되었다.

집중이 잘됐던 공간을
아이 방에 그대로 적용하라

최근 한 연구에 의하면 인간의 창의성은 뇌의 DMN(Default Mode Network)이라는 부분과 밀접한 관련이 있다고 한다. 뇌의 안쪽 전두엽과 바깥쪽 측두엽 그리고 두정엽에 있는 DMN은 생각 없이 멍하게 있거나 잠들었을 때 활성화되는 부위다. 그래서 독창적이고 새로운 아이디어가 필요한 공부를 하는 경우에는 먼 곳을 바라볼 수 있는 창가에 책상을 두는 것이 좋다. 창이 없다면 방 안을 전체적으로 조망할 수 있는 곳에 책상을 두어 최대한 넓은 시야를 확보해야 한다. 반대로 내가 방어할 수 없는 등 뒤의 공간이 너무 넓거나 등이 출입문을 향해 있다면 본능적인 불안감을 느껴 학습 효율이 떨어질 수 있다.

단순한 반복이나 순간적인 집중이 필요한 공부를 할 때는 벽에 책상을 붙이거나 사방에 칸막이를 설치해 최대한 시야를

●

우리 아이가 유독 더 편안함을 느끼고 집중을 잘하는 공간이 있는지 평소에 잘
살펴보자. 그런 공간을 떠올리며 공부방 인테리어를 하는 것도 좋은 방법이다.

좁게 하는 것이 좋다. 파티션이 없거나 정해진 자리가 없는 회사 책상이나 카페 같은 공간은 집중도가 높아야 하는 업무나 공부의 효율을 떨어뜨릴 수 있다. 공간의 지나친 노출이 집중을 방해하는 것이다. 따라서 책상의 위치를 정할 때 중요하게 고려해야 할 것이 바로 개방성이다. 공간이 열려 있느냐, 닫혀 있느냐에 따라 보이는 범위와 대상이 결정되고, 그에 따라 뇌의 반응이 달라지기 때문이다.

물론 사람마다 공부 스타일이 다르고 좋아하는 과목이 다르듯 자신에게 맞는 집중의 공간이 다를 수 있다. 그럴 때는 밖에서 시뮬레이션을 해보는 것이 좋다. 도서관이나 카페, 지인의 집 등 다양한 곳에서 아이에게 공부를 시켜보는 것이다. 그랬을 때 집중이 잘된 장소가 있다면 그 구조를 아이의 공부방에 그대로 적용시키면 된다.

나는 도서관에 갈 일이 있으면 칸막이 책상이 아닌 커다란 개방형 책상에 앉는다. 그것도 여기저기 자리를 옮겨가면서. 새로운 의자에 앉을 때마다 새로운 생각이 나기 때문이다. 그리고 그 구조를 그대로 내 집필실로 가져왔다. 책상을 꼭 공부방이나 서재에만 둬야 한다는 고정관념도 가질 필요가 없다. 집 안 곳곳에 의자나 작은 책상을 두고 주방이나 화장실에서 읽는 책, 베란다의 간이 책상에서 보는 책을 정해두면 장소를 옮길 때마다 새로운 자극 속에서 공부할 수 있게 된다. 이런 자극들은 공부의 내용과 공간의 특이점을 결합시켜 기억의 지속성을 높여준다.

실제로 현재 서울고에서 전교 1등을 놓치지 않는 이 군의 특별한 공부법이 〈중앙일보〉에 소개된 적이 있다. 이 군의 집에는 방과 거실에 총 6개의 책상이 있다. 인터넷 검색을 해야 할 때는 방에 있는 컴퓨터 책상을 쓰고, 잠이 올 때는 거실에 있는 스탠드 책상 앞에 선다. 이 군이 책상을 바꿔가며 공부하는 이유는 집중력을 높이기 위해서다.

"한자리에서 공부하기 힘들 때 책상을 바꾸면 기분 전환이 돼 집중력이 생겨요. 책상을 바꾸는 것만으로 자세가 달라지고 환기되는 효과가 큽니다."

이 군이 스탠드 책상을 쓰는 것처럼 '책상 자체의 기능성' 역시 중요하다. 대부분의 북유럽 국가에서는 착석과 입식이 가능한 '높낮이 조절 책상'이 보편화되고 있다. 장시간 앉아 있는 것이 뇌와 심장, 척추에 무리를 주어 집중력과 사고력을 떨어뜨린다는 연구 결과가 인정받고 있기 때문이다. 실제 이런 기능성 책상은 몸의 무리를 덜어줘 공부의 효율을 높여준다.

책장 높이만으로
공부방의 기류가 바뀐다

공부방의 책장은 '산'의 역할을 한다. 너무 높은 산은 위압감과 고립감을 느끼게 하듯 너무 높거나 빽빽한 책장은 심리적 압박감을 줄 수도 있다. 처음에는 책으로 꽉 차 있는 방의 모습에 안락함과 뿌듯함을 느낄 수도 있지만 오랫동안 그곳에 머물면 책들에 압도되어 자신만의 생각에 매몰되고 편협해질 가능성이 크다.

그래서 공부방에 두는 책장은 다양한 높이와 넓이를 가진 것이 좋다. 명당이라고 일컬어지는 곳의 지형을 보면 같은 높이의 산으로 둘러싸인 곳보다 높낮이가 다른 산이 부드럽게 에워싸거나 마주 보고 있는 곳이 많다. 높이가 달라야 그곳만의 독특한 바람이 생기고 에너지가 생성되기 때문이다. 마찬가지로 작은 방 안에서 부피가 큰 책장은 내 방만의 독특한 기류를 만들어주는 가장 큰 역할을 한다. 몇 밀리미터도 안 되는 길이와 두께의 차이로 다른 소리를 내는 악기들처럼 전혀 다른 공간을 만들어주는 것이다.

책상에 앉았을 때 가까운 정면이나 바로 옆에 두는 책장은 자신의 키를 넘지 않는 것이 좋다. 모든 물체는 각자의 에너지장을 가지고 있다. 그 장의 크기는 대부분 자신의 키와 비슷한 경우가 많다. 이는 그 공간에 들어와 있는 누군가에게 영향을 미치고 변화시킬 수 있는 크기이기도 하다. 엘리베이터에 동승한 사람이 유독 불편한 이유는 좁고 폐쇄된 공간에서 두 에너지가 서로 간섭하며 충돌하기 때문이다.

어떤 물건이 나보다 크다는 것은 그 물건이 나보다 큰 에너지장을 갖는다는 말이기도 하다. 그럴 땐 내가 그 대상을 제어하는 것이 아니라 내가 제어당하기 쉽다. 그래서 나보다 높고 큰 책장은 나와 가장 멀리 떨어진 곳에 두는 것이 좋다. 방 구조상 한쪽 벽을 똑같은 높이의 책장들로 채웠다면 중간중간 책을 넣지 않고 비어 있는 여지를 두는 것이 좋다. 그것만으로도 또 다른 구조를 가진 책장으로 변모할 수 있다. 여건이 된다면 낮은 책장을 두어 균형을 맞추는 것도 괜찮은 방법이다.

또한 책장에 꽂아두는 책들도 신중하게 선택해야 한다. 우리가 종교 서적을 함부로 대하지 않는 것은 좋은 내용 때문일 수도 있지만, 글 속에 성인들의 기운과 체취가 담겨 있다고 믿기 때문이다. 이는 범인(凡人)이 쓴 책도 마찬가지다. 비록 편집과 인쇄 과정을 거친 책일지라도 글자 한 자 한 자에 담아놓은 작가의 공력은 쉽게 사라지지 않는다. 놀라운 점은 우리가 책을 읽지 않아도 책에 담긴 문자의 힘이 계속 위력을 발휘한다는 것이다. 흔히 말하는 '서권기(書卷氣)'는 그런 보이지 않는 힘까지를 내포하는 말이다. 그래서 책장에는 부정적이거나 잔인한 내용의 책보다 긍정적이고 따뜻한 내용의 책을 꽂아두는 것이 좋다. 그래야 나도 모르는 사이에 부정적이고 어두운 기운에 노출되는 일을 막을 수 있다.

아이 방의 침대는
어느 방향으로 두는 것이 좋을까?

━━━━

공부방은 공부만 할 수 있는 환경으로 만드는 것이 좋다. 그러나 현실적으로 공간에 여유가 없어 공부방과 침실을 함께 쓰는 경우가 많다. 어쩔 수 없이 공부방에 침대를 놓아야 한다면 침대를 하나의 책상처럼 사용하는 것이 좋다. 생각보다 많은 학자와 작가가 침대나 소파에 편안히 기댄 채 작업을 하고 공부를 한다. 척추의 긴장이 풀리고 이완된 상태에서 집중력이 높아지기 때문이다.

아이 방을 꾸밀 때 침대를 어느 방향으로 둬야 하는지 궁금해 하는 부모가 많다. 방향을 정하는 것만으로도 수면의 질이 달라지고, 공부의 효율에 영향을 줄 수 있다고 믿기 때문이다.

실제로 '북쪽을 향해 머리를 두지 말라'라는 속설이나 '반안 (攀鞍, 말의 안장에 올라탄 듯 편안한 기운)살 방향으로 머리를 두어라'

라는 사주의 이론이 가정에서도 많이 적용되고 있다. 문을 열었을 때 머리부터 보이는 위치, 거울이 몸을 비추는 위치가 좋지 않다는 말도 있다. 이 이론들은 공간에 흐르고 있는 '보이지 않는 에너지의 방향'에 내 몸을 어떻게 둘 것인가에 초점을 맞추고 있다.

하지만 온갖 종류의 전자파가 난무하고 무질서하게 세워진 건축물로 가득한 도시에서는 예상치 못한 에너지의 흐름이 만들어질 수밖에 없다. 더군다나 나의 동선과는 상관없이 구획이 획일화된 공간 구조에서 특정한 방향을 고집하는 것도 쉬운 일이 아니다. 그래서 이론은 언제나 하나의 예로 받아들이는 것이 좋다. 대신 내 몸을 통해 나에게 가장 잘 맞는 방향을 찾는 것이 좀 더 실증적인 방법이 될 수 있다. 갓난아이들은 제자리에서 얌전히 자는 게 아니라 빙글빙글 몸을 움직이며 잔다. 이는 주위 환경에 민감한 아이들이 자신에게 가장 편한 위치를 찾기 위한 탐색 과정이다. 두침(頭枕) 방향을 정하기 전에는 이런 탐색 과정이 필요하다. 일단 아이를 잠자리 가운데에 눕히고 '네 몸이 네가 가장 편한 곳을 향해 움직일 것이라는 사실'을 인지시킨 뒤 잠든 아이의 몸이 어느 방향을 향해 움직이는지를 살펴야 한다. 뒤척임에도 이유가 있게 마련이다. 그렇게 목적을 품고 이완된 몸은 나침반처럼 스스로 가장 편한 방향을 찾아 움직인다. 그곳이 바로 아이가 머리를 둘 방향이다.

학습력을 높여주는
백색 소음 활용법

학습 공간은 보이는 것만큼이나 들리는 것도 중요하다. 많은 사람이 소리를 공부의 적으로 여긴다. 하지만 소란스러운 지하철이나 버스 안에서 한 잠깐의 공부가 효과적이었던 경험이 있을 것이다. 책을 읽거나 휴대폰을 보는 동안 지하철 실내의 규칙적이고 반복적인 소음이 전혀 들리지 않았던 경험도 있을 것이다. 이런 소음을 '백색 소음'이라고 한다.

백색 소음은 비가 내리거나 물이 흐르는 소리처럼 많은 소리를 담고 있지만 마치 하나의 소리처럼 잘 융화되어 거슬리지 않게 들리는 소리를 말한다. 신경을 건드리지 않으면서도 적막함과 지루함을 달래주어 요즘에는 집중력과 기억력 등 학습력을 높이는 데 많이 활용되고 있다. 과거 자연의 백색 소음을 활용한 최적의 장소는 서원(書院)이었다. 서원의 강학(講學)

은 새소리와 물소리, 풀벌레 소리가 들려오던 대청마루에서 주로 이루어졌다. 사방이 트여 산만해 보이는 이곳에서 강학이 가능했던 것은 멀리 보이는 주위의 풍경이 뇌의 DMN을 활성화시키고, 백색 소음이 학습력을 키워주는 역할을 했기 때문이다. 철학적 사색과 낭독이 공부였던 과거에는 최적의 공간이었던 셈이다.

요즘 쉽게 접할 수 있는 백색 소음은 자연의 소리가 아닌 기계 소리다. 냉장고, 공기청정기, 컴퓨터의 팬이 돌아가는 소리가 바람 소리와 물소리를 대신하게 됐다. 이런 도시의 백색 소음이 가장 잘 구비된 곳이 바로 '카페'다. 다양한 기계가 쉬지 않고 돌아가고 사람들이 드나들며 남기는 속삭임이 풀벌레 소리처럼 가득한 곳. 그곳에서는 내가 내는 적당한 소음과 움직임 역시 허용된다. 숨 막히는 도서관에서 공부하는 것보다 카페에서 공부하는 것을 더 선호하는 사람이 많아진 것도 백색 소음이 주는 안락함과 편안함 때문이다.

공부는 눈과 귀로만 하는 것 같지만 오감이 충분히 자극될수록 더 큰 효과를 낸다. 내가 공부하는 공간에 어떤 소리가 나느냐에 따라 공부의 결과물이 달라질 수 있다. 혀로만 느껴질 것 같은 음식의 맛도 후각과 청각, 시각에 영향을 받는다. 음식 자체에 첨가된 향이나 색뿐 아니라 음식을 먹는 공간의 향과 소리에 따라 음식에 대한 평가가 달라지기도 한다. 심산유

곡에서 구워 먹는 고기의 맛이 남다른 이유도 이 때문이다. 우리의 몸이 가장 싫어하는 것 중 하나가 멈춤이다. 수백 개의 관절, 죽을 때까지 한 번도 쉬지 않는 심장과 혈류, 언제나 뚫려 있는 코와 귀의 구멍은 우리의 몸이 자극에 반응하고 움직이게 만들어진 존재임을 상기시킨다. 공부할 때도 이런 몸의 요구를 받아들여야 한다. 그렇다고 온갖 자극에 반응하며 시끄럽고 산만하게 공부하라는 것이 아니다. 우리가 흔히 떠올리는 숨 막히게 고요한 학습 환경만이 최선이 아니라는 이야기다.

부모는 아이의
'탐랑성'이 되어야 한다

공부를 할 때 공간의 기술은 꽤 중요하다. 그러나 말을 물가에 데려갈 수는 있어도 억지로 물을 먹일 수는 없듯 기능적 공간 자체가 아이들이 공부를 하게끔 만들어주지는 않는다. 이때 필요한 것이 '탐랑성'이다.

옛사람들은 우주라는 광활한 공간에 학문과 지식을 관장하는 특별한 별이 있다고 믿었다. 그것이 바로 탐랑성이다. 탐랑성은 언제나 북극성을 향하고 있는 2개의 지극성(指極星) 중 하나로 북두칠성의 머리에 해당하는 별이다.

옛날 어머니들은 과거를 앞둔 아들이나 남편을 위해 정화수를 떠놓고 그 물 위에 지극성을 띄운 뒤 정성을 다해 기도를 드렸다. 거기에서 지극정성이라는 말도 유래됐다. 또한 탐랑성의 기운을 받은 산은 봉우리가 붓의 끝처럼 뾰족한 모양의 산이 되는데, 이를 문필봉(文筆峰)이라 하여 학문과 관련된 힘을 준다고 생각했다. 서울에서 눈에 띄는 문필봉 중 하나가 바로 북악산이다. 이런 필봉들은 우리나라 곳곳에 수없이 많다. 옛날에는 문필봉의 기운이 서린 곳에서 뛰어난 학자가 나온다고 믿었다. 탐랑성이라는 우주적 장치가 인간의 마음에 지적인 공명을 일으킨다고 본 것이다.

정화수와 문필봉이라는 말 자체가 생소해진 요즘에도 나는 가끔 탐랑성을 만나곤 한다. 아이에게 학문의 별이 되어주는 사람, 지극정성으로 아이를 키우는 부모들 말이다. 얼마 전에 TV에서 본 한 아버지는 부모님이 한글도 몰랐을 정도로 가난한 집에서 자랐다. 먹고살기 위해 해보지 않은 일이 없었던 그는 가난한 삶을 자식들에게 물려주고 싶지 않았다. 하지만 경제적인 이유로 1년에 한 번꼴로 이사를 해야만 했는데, 그때마다 늘 도서관 근처에 자리를 잡았다. 아버지는 아이들이 어릴 때부터 도서관 앞마당에서 신나게 놀아주었고, 도서관 식당에서 함께 밥을 먹었다. 책을 골라주거나 읽어보라는 말은 일체 하지 않았다. 그저 도서관이 재미있고 즐거운 곳, 공부가 흥미로운 것이라는 생각을 하도록 만들어준 것이다.

또한 공부하라는 잔소리 대신 아버지 스스로 공부하는 모습을 보여주었다. 아이들은 공부하는 아버지 옆에서 늘 함께 책을 읽었고, 수많은 대화를 나눴다. 덕분에 첫째 아들은 사교육 한 번 받지 않고도 최고의 명문 고등학교에 합격했다. 스페인어와 영어로 원어민과 자유자재로 대화하고, 시사 문제에도 논리적으로 자신의 의견을 말하는 등 공부뿐 아니라 다양한 분야에서 두각을 나타내고 있다.

우리는 맹모삼천지교(孟母三遷之教)를 말할 때 맹자의 어머니가 맹자의 교육을 위해 이사한 것에만 집중한다. 하지만 맹자의 어머니가 정말 잘한 일은 이사한 그곳에서 맹자와 함께 많은 '대화'를 나눈 것이다. 맹자가 어떤 것을 보고 무엇을 들었는가에 대해 이야기할 수 있는 소재를 찾아 집을 옮겨 다닌 것이다.

많은 부모가 공부에 집중할 수 있는 공간, 환경을 조성하는 것에만 집중하는 경향이 있다. 아이가 어렸을 때부터 거실이며 방에 글자와 동물이 그려진 포스터들을 붙여놓고 다양한 책과 교구를 책장 가득 채워놓는다. 그러나 정작 그것을 가지고 아이들의 눈높이에서 자세히, 끈질기게 설명해주는 부모는 드물다. 아이 옆에서 함께 책을 펼치고 공부하는 부모는 더더욱 찾아보기 힘들다. 아이의 탐랑성은 책으로 가득한 책장도, 사교육도 아니다. 칠흑 같은 밤을 밝혀주는 별, 따뜻한 사랑으로 나를 지켜봐주는 부모의 지극정성이 가장 중요하다. 그 탐랑성이 아이의 마음에 내려앉았을 때 아이 스스로가 문필봉이되어 공부하기 시작할 것이다.

그러니 아이의 방을 따로 만들어줄 공간이 없거나 기능적 공간으로 꾸밀 여력이 없어도 걱정할 것 없다. 북극성이 길 잃은 나그네의 지표가 되어주듯 아이는 탐랑성이 가리키는 북극성을 따라 자신의 길을 잃지 않을 것이기 때문이다.

7

•

돈 그릇의
크기가 달라진다

터가 부를 가져다주는
시대는 끝났다

———

누군가의 공간을 볼 때마다 자주 듣는 난감한 질문이 있다.

"제가 이 집에 살면 돈을 잘 벌 수 있을까요? 부동산에서 돈 버는 터라고 하던데요."

"부자가 되고 싶은데, 집을 어떻게 꾸미는 것이 좋을까요? 책에서 보니 집에 어항을 두면 좋다고 하던데."

너무나 진지한 눈빛으로 물어보는 그들에게 안타깝지만 내가 해줄 수 있는 말은 이 정도다.

"글쎄요. 그걸 보는 눈이 있었다면 저는 진작 부자가 되지 않았을까요? 집 안에 어항을 두어 부자가 됐다면 수족관 주인이 돈을 가장 많이 벌었겠죠."

가끔은 나도 부자가 되는 땅이나 집을 골라내는 능력이 있다면 얼마나 좋을까 생각한다. 돈을 잘 버는 공간, 소위 말하는

'부자의 터'를 찾는다는 것은 말처럼 쉬운 일이 아니다. 현대 사회에서 돈을 번다는 것은 대단히 복잡한 상호 작용의 결과물이기 때문이다. 현실에서 부는 사회적인 시스템 안에서 수많은 경쟁과 협력, 개개인의 노력이라는 변수들이 만들어내는 합작품이다. 집터나 어항 같은 수동적인 장치는 인간이 만들어내는 치열한 경제 활동에 영향을 주기에 역부족이다.

물론 동서양의 공간에 대한 담론 중에는 부자의 공간에 대한 내용이 많다. 서양에서는 무지개 끝에 황금 항아리가 묻혀 있다고 생각했고, 말의 편자나 토끼 발 장식이 부를 불러온다고 여겼다. 동양에서는 모란꽃, 호박, 곡식더미를 쌓아둔 것 같은 모습의 노적봉이나 물을 부의 코드로 여겼다. 그중에서도 물은 가장 강력한 재물의 상징이었다. 물을 따라서 돈이 들어온다고 여긴 옛사람들은 물이 빠지는 곳은 돈이 빠져나간다고 해서 피했고 물을 가두기 위해 연못을 팠다. 그리고 물이 적당히 모이고 나가는 곳을 돈 버는 터라고 생각했다. 그럴 수밖에 없는 것이 과거 농경 시대에서 물은 곧 생명줄이자 생산과 직결되는 가장 큰 요인이었기 때문이다. 물이 적당히 있어야 땅이 기름지고 농사가 잘되었다. 과거 문명이 강 옆에서 번성했던 것과 같은 이치로 물에 쉽게 접근하고 쉽게 쓸 수 있는 이들이 권력을 잡았다. 그러나 지금은 수도 시설이 잘 갖춰져 집집마다 마음대로 물을 쓰고, 농사가 아닌 사람으로 돈을 버는 서

비스업이 번성하는 시기다. 과거에 부를 관장하던 물은 결국 어항이라는 상징으로만 남게 되었다.

부자가 되고 싶다면 과거의 철학에만 의지해 부자의 터를 찾거나 사행심을 부추기는 업자의 말에 현혹되어서는 안 된다. 정말 주목해야 할 것은 부자들의 스페이스로지, 즉 부자가 공간을 다루는 기술이다.

통제하는 공간이 커질수록
돈 그릇도 커진다

———

정신과 전문의 유상우 박사는 저서 《부자가 되는 뇌의 비밀》에서 '많은 부자가 배외측 전전두엽을 집중적으로 사용한다'라고 말했다. 배외측 전전두엽은 뇌의 사령탑 역할을 하는 곳이다. 동기를 부여하고 계획을 세우며 전체적인 맥락을 짚어 다양한 사고를 가능하게 하는 영역이다. 실험에 의하면 일반인들은 신문을 볼 때 각각의 기사를 읽으며 그 기사들을 서로 다른 이야기로 자연스럽게 구분했다. 반면 배외측 전전두엽이 발달한 부자들은 특히 헤드라인에 주목하며 각 헤드라인 간의 연결고리를 만드는 데 집중했다. 100억 원대 자산을 가진 한 여성은 전혀 관련 없는 기사를 한 편의 소설처럼 만들며 자신만의 이야기를 창조해내기도 했다.

사물이나 상황을 보고 해석할 때도 마찬가지였다. 부자들은 지엽적인 상황에만 집중하는 것이 아니라 상황이 만들어지는 여러 요소 간의 연결고리를 찾아냈다. 그리고 자신의 상황에 가장 잘 적용할 수 있는 공식으로 패턴화시킨다는 공통점을 보였다. 이는 부자들이 공간을 대하고 활용하는 데에도 '일정한 패턴'이 있을 수 있음을 말해준다. 그들만의 뇌 구조가 만들어내는 특별한 스페이스로지, 그 비밀을 안다면 내 공간 안에 숨겨져 있을지 모르는 '부자의 조짐'을 발견할 수 있을 것이다. 나아가 그들의 스페이스로지를 내 공간에 접목시킬 수도 있을 것이다. 분명 그것이 집 안에 어항을 두는 것보다는 조금 더 합리적이지 않을까.

그런데 한 가지 짚고 넘어가야 할 것이 있다. 부자의 공간을 벤치마킹하고 싶다고 무조건 그들의 공간을 분석하는 것은 별 도움이 되지 않는다는 점이다. 우리가 흔히 생각하는 부자의 공간은 이미 완성된 부자의 공간이다. 값비싼 미술 작품과 인테리어 소품, 수입산 대리석, 특별 제작한 가구들은 부의 결과이지 부를 이룰 수 있었던 원동력이 아니다. 때문에 '완성형 부자'의 공간을 따라 한다는 것 자체가 불가능하다. 이런 우를 범하면 박탈감을 느끼기 쉽다. 우리가 주목해야 할 것은 지금 한창 성장하고 있는 부자들, 특히 자수성가형 부자들이다.

얼마 전 나는 이 기준에 딱 맞는 성장형 부자를 만났다. 《엄마의 돈 공부》라는 베스트셀러를 쓴 이지영 작가다. 그녀는 20

대에 보증금 1,500만 원의 원룸에서 시작해 불과 10년 만에 23채의 부동산을 운영하게 된 투자가로 유명하다. 그런데 수십억 원의 자산을 운영하는 투자가이자 강연가, 작가임에도 그녀에게는 별도의 사무실이나 작업 공간이 없었다. 집 안의 작은 서재가 유일한 작업실이었다. 저녁 식사 초대를 받아 방문한 그녀의 집은 일반 가정집과 다를 바가 없었다. 30평대의 아파트에는 평범한 가구와 가전제품이 무난히 놓여 있었고, 두 아이가 놀기에 편하게 꾸며져 있었다. 단란한 가정에서 느낄 수 있는 여유로움이 집 안 가득 묻어나 있었다. 편안함에 긴장이 풀어질 무렵, 인터뷰를 하기 위해 들어간 서재에서 그녀가 진정한 투자가라는 사실을 비로소 다시 떠올릴 수 있었다.

　서재 문을 열자 벽을 가득 채운 책들의 숨결이 훅, 하니 밀려왔다. 책을 그저 모양새로 전시해놓은 사람인지, 제대로 읽는 사람인지는 서재에 가보면 금방 알 수 있다. 사람의 눈을 타고, 손때가 묻은 책들은 읽혀진 공간 속에 자신의 흔적을 남겨놓게 마련이다. 그런 곳은 서권기(書卷氣)로 가득 채워져 전혀 다른 공기의 밀도를 만든다. 반면 전시용 책들은 물리적 공간만 차지할 뿐이다. 서재 문을 여는 순간 마주한 두터움은 실로 오랜만에 느껴본 강렬한 기운이었다. 그 공간은 이지영 작가가 얼마나 치열하게 공부하고 생각했는지 말해주고 있었다. 그녀는 서재에서 인터뷰를 진행하는 내내 눈을 반짝이며 질문

하는 내게 답변과 동시에 그에 대한 자료를 책장이나 서랍에서 순식간에 찾아 보여주었다.

"책은 필요할 때마다 바로 볼 수 있도록 주제와 소재별로 구분해놓는 편이에요. 도서관 서가처럼 자기만의 자리가 있는 거죠. 부동산 관련 자료도 지역과 물건별로 분류하고 하위 카테고리를 만들어 늘어나는 정보를 한눈에 알아볼 수 있게 그때그때 정리하고 있어요."

이지영 작가는 자신의 서가를 완벽하게 '통제'하고 있었다. 공간을 통제한다는 것은 단순히 청소를 잘하고 정리를 잘한다는 말이 아니다. 머릿속에 물건들의 지도가 완벽히 그려져 있다는 말이다. 어떤 부자들은 잡다한 것으로 발 디딜 틈 없이 집을 채우기도 한다. 그런데 그들이 저장강박증 환자와 다른 점은 그 복잡한 틈바구니 속에서 남이 손댄 흔적을 귀신처럼 찾아낸다는 것이다. 없어진 책 한 권, 옷 한 벌도 금세 눈치채고 민감하게 반응한다. 남들이 보기에는 무질서한 공간이 본인에게는 나름의 질서 속에 존재하고 있기에 가능한 일이다. 본인이 공간을 얼마나 통제하고 있는지를 보려면 컴퓨터 파일이나 휴대폰 주소록을 열어 보면 된다. 주방을 담당하고 있다면 냉장고도 괜찮다. 만약 파일들이 산산이 흩어져 있고 필요한 자료를 한 번에 찾을 수 없다면 일단 통제력은 없다고 보면 된다. 냉장고 문을 열었을 때 뭐가 들었는지도 모를 비닐봉지와 용기는 가득한데 정작 먹을 것이 없는 것도 마찬가지다. 이런 무기력한 통제력은 돈을 모을 때도 거울처럼 반영된다. 이런 사람은 특별히 사치를 하는 것도 아닌데 돈을 잘 모으지 못하고, 수시로 적금을 깰 가능성이 크다.

이지영 작가의 공간은 그녀의 투자도 이런 식으로 질서 정연하게, 완전한 통제하에 이루어지고 있음을 한눈에 보여주고 있었다. 중요한 것은 그녀처럼 통제하는 공간이 커지는 만큼 돈의 그릇도 커진다는 것이다. 보통 사람은 자신의 집 한 채도 제대로 관리하지 못한다. 반면 그녀는 동시에 수십 채의 건물과 세입자들을 관리한다. 투자할 만한 새로운 부동산을 찾아다니고 치밀하게 자금을 융통한다. 이미 그녀의 머릿속에는 돈이 흐르는 길과 모이는 공간이 완벽히 통제되고 시스템화되어 있기 때문이다.

이처럼 이지영 작가를 포함한 많은 부자가 공통적으로 갖는 스페이스로지는 공간의 '통제'와 '시스템화'다. 부자가 되고 싶다면 머릿속에 지도를 그릴 수 있는 공간이 과연 어느 정도인지를 살펴야 한다. 휴대폰, 노트북, 냉장고, 서랍, 방, 집 등 통제하는 범위가 커질수록 내가 담을 수 있는 부의 크기도 점점 커진다. 지금은 집에만 있는 주부라 할지라도 프로의 솜씨로 내 집을 관리하고 있다면 이미 부자의 뇌 구조를 갖고 있다고 볼 수 있다. 이런 사람은 적당한 기회를 만나면 밖에 나가서도 대단한 능력을 발휘할 수 있다. 현재 통제력이 부족한 사람이라면 아주 작은 것부터 관리하는 연습을 하는 것이 좋다. 냉장고의 오래된 음식들을 정리하고, 한눈에 보일 정도의 음식만 채워 넣으며 무엇이 어디에 있는지 꿰기 시작하면 그 패턴대로 통장도 새롭게 리뉴얼할 수 있다. 목적에 따라 통장을 쪼개고 디테일한 예산을 짜면서 자신의 소비를 통제하게 될 것이다.

이처럼 시스템화가 된 뇌 구조를 가진 부자들은 집을 독립된 존재로 생각하지 않는다. 자신이 다양하게 투자해놓은 거대한 투자 시스템의 한 부분으로 여긴다. 때문에 보통 사람들이 피하고 싶은 단점을 장점으로 활용한다. 예를 들면 '경매'가 그렇다. 부동산 투자에서 일반인과 전문가 사이에 가장 큰 관점의 차이를 보이는 것이 경매일 것이다. 아직도 많은 사람이 '경매' 하면 사업 실패나 빚 보증, 빨간 차압 딱지 같은 것들을 떠올린다. 그런 전적이 있는 집을 샀다가 나도 똑같이 되는 것은 아닌지 꺼림칙하게 생각한다. 하지만 대다수의 부동산 부자는 경매를 통해 고수익을 올린다.

이지영 작가 역시 경매를 통해 활발한 투자를 하고 있었다. 지금 살고 있는 집 역시 경매로 얻었다고 했다. 집을 잠시 머물다 떠나는 정류장이라고 생각하면 다소 불길하고 불편하더라도 개의치 않을 여유를 가질 수 있다. 그러니 조건이 맞고

수익이 된다고 판단되면 망설이지 않고 매수에만 집중할 수 있게 된다. 다양한 공간을 좀 더 자유롭게 활용할 수 있게 되는 것이다.

결핍의 공간에
깃드는 재운

부자의 마인드와 공간 감각을 보여주는 또 다른 스페이스로지는 바로 '결핍'이다. 미국 LA 한인타운 중심가에 자리 잡은 '마당몰'은 한국의 유명 프랜차이즈 음식점과 영화관이 입점해 있는 복합 쇼핑몰로, 한인타운의 랜드마크다. 이전 회사에서 마당몰의 프로젝트 매니저를 맡았던 이가 한인 건축가 백선필 씨다. 가난한 유학생으로 단돈 300만 원을 들고 미국으로 온 그는 현재 AIA(미국 건축사)와 캘리포니아 주 건축사 자격을 가진, LA의 촉망받는 젊은 건축가로 성장했다. 할리우드, 오렌지 카운티, 말리부 등 LA 부촌의 고급 저택을 주로 설계하는 그는 몇 달 치 일이 밀려 있을 정도로 현지에서 남다른 실력과 감각을 인정받고 있다.

이렇게 명성을 쌓은 건축가의 공간은 과연 어떤 모습일까.

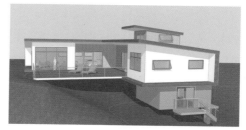

재미 한국계 건축가인 백선필 씨가 설계한 LA 소재 대저택 사진과 조감도. 그는
불필요한 것을 최소화하면서 에너지 효율을 극대화하는 것을 중요하게 생각한다.

몇 달 전, LA 웨스턴 가의 한 빌딩 4층에 자리한 그의 디자인 사무실을 찾았다. 문을 열고 들어가자마자 나는 속으로 두 차례 놀랐다. 첫 번째는 생각보다 작은 사무실 크기 때문이었고, 두 번째는 그 작은 공간을 이렇게나 효율적으로 쓸 수 있다는 것 때문이었다.

사무실은 작업하는 공간과 자료를 모으는 공간, 고객을 접대하고 상담하는 공간으로 구획되어 있었다. 파티션으로 구분한 작업 공간에서는 큰 도면을 출력할 수 있었고, 자료실은 벽한 면을 나무 수납장으로 짜 넣어 깔끔하게 정리되어 있었다. 수납장은 어떤 곳은 면으로, 또 어떤 곳은 선으로 만들어 명암을 조절했다. 일단 기능 중심으로 공간을 분리하고 효율적으로 꾸민 뒤, 디자인 감각을 입혀 작지만 결코 답답하지 않은 공간을 만들어낸 것이다. 이 공간에서 지낸 시간만 무려 7년. 이곳에 있는 동안 그 어렵다는 미국 건축사 자격시험도 패스하고 LA의 이름난 건축가로 성장했지만 그는 아직 사무실을 넓히거나 옮길 생각이 없었다.

"주변에서 이제는 그럴듯한 사무실로 옮겨도 되지 않느냐는 말을 많이 해요. 그런데 인건비나 공간 확장에 투자할 돈으로 컴퓨터 시스템을 업그레이드해서 여기서도 충분히 작업을 할 수 있어요. 10평이라는 공간에서 해낼 수 있는 최대치가 어디까지인지 보고 싶기도 하고요."

남들의 시선보다는 건축가라는 본업의 효율을 최대한 끌어올릴 수 있는 공간을 어떻게 만들어낼 것인가가 훨씬 더 중요하다는 것이다. 나는 그의 10평짜리 사무실이야말로 '성장형 부자'의 공간이라고 생각한다. 타인에게는 그것이 비록 '결핍'으로 보일지라도.

첫 번째 성공을 거두고 두 번째 단계로 진입하면 대부분의 사람이 공간의 확장 이전을 꿈꾼다. 그동안 고생했던 것을 스스로에게 보상해주듯 더 넓고 화려하게 새 공간을 꾸민다. 필라테스 스튜디오를 운영하던 나의 지인도 그랬다. 작은 공간에서 허름하게 시작했다가 뜻밖의 성공을 맛본 그녀는 그동안 모아두었던 돈으로 두 번째 스튜디오에 고급스러운 취향을 마음껏 드러냈다. 고가의 수입 마루 바닥재, 자작나무로 만든 벽채, 친환경 고급 벽지, 비싼 LED 조명까지 경중과 강약 없이 모든 인테리어에 막대한 돈을 투자했다. 그 후에는 어떻게 됐을까. 1년도 되지 않아 스튜디오는 문을 닫았다. 공간에 투자한 만큼 강습비가 올라간 데다 주변에 경쟁자들이 생기면서 회원들이 하나둘 떠나버린 것이다. 버틸 수 있는 자금도 얼마 없어 재기를 꿈꿀 기회마저 놓쳤다. 결핍이라곤 찾아볼 수 없는 완벽한 공간이 도리어 큰 실패를 불러온 것이다.

음식점을 운영한 또 다른 지인은 손님이 늘어 줄을 서게 되자 마침 비어 있던 옆집을 터서 공간을 확장했다. 늘어난 공간만큼 손님도 늘어날 것이라 생각했다. 하지만 6개월이 채 되지 않아 문을 닫았다. 벽을 무너뜨리고 가게를 확장했을 때 이상하게도 손님이 끊기고 장사가 잘 되지 않는 경우가 있다. 민간에서는 이런 경우를 '동티가 났다'라고 말한다. 집의 운을 담고 있는 중요한 곳을 함부로 건드려서 탈이 났다고 보는 것이다. 그러나 이를 부자의 뇌로 생각해보면 또 다른 해석이 나온다. 비좁고 협소한 공간은 결핍으로 보이기 쉽지만 사실은 그 공간만의 레버리지였을 수도 있다. 좁은 공간이라도 그 공간만의 밸런스가 있고 손님들이 그런 분위기를 좋아했을 수도 있기 때문이다. 공간이 협소해 어쩔 수 없이 손님이 줄을 서는 것도 훌륭한 홍보 수단이었을 것이다. 게다가 다른 공간으로 확장 이전하는 것이 아니라 옆집과 합쳤다는 것은 준비되고 계획되지 않은 결정일 가능성이 크다는 것을 말해준다. 그 공간에서 낼 수 있는 최대한의 효율과 가능성이 어디까지인지 확인하지 않은 것이다.

보통 사람은 돈을 벌면 공간에 무엇을 더할까를 고민한다. 크기를 더하거나 그동안 갖고 싶었던 혹은 남들에게 괜찮게 보일 고급스러운 가구나 장치를 더하는 식이다. 그러나 효율을 가장 중요하게 생각하는 부자들의 스페이스로지는 정반대다. 그들은 어떻게 하면 불필요한 것을 빼고 조금 더 효율적으로 가성비 높은 공간을 운영할지부터 생각한다.

친환경 건축설계사 자격(LEED AP)이 있는 백선필 씨의 디자인이 부자들에게 인기 있는 이유도 이 때문이다. 그는 설계 초기 단계부터 집에 들어가는 에너지 비용을 계산한 뒤 에너지 효율을 가장 높일 수 있는 디자인을 제시한다.

"만약 1년에 1,500달러가 냉방비에 들어갈 때 이렇게 설계하면 1,000달러의 감소 효과가 있다고 설명하면 부자들은 자신이 생각한 디자인이 아니더라도 받아들여요. 돈이 많아서 전기세 정도는 아무것도 아닐 것 같지만 장기간에 걸쳐 나가는 돈에 상대적으로 예민하죠."

돈이 많을수록 어떤 조명을 더할 것인가가 아니라 어떻게 하면 전기세를 줄일 수 있을까를 고민하는 마이너스적인 발상. 이런 요소들이 부자들의 공간에서 최고의 효율을 내는 것이다.

자수성가한 부자일수록 명확한 목표를 가지고 의도적으로 결핍된 공간을 만들기도 한다. 최근 백선필 씨가 설계한 한 펀드 회사 CEO의 저택에는 차고가 없다. 차고를 만들 돈으로 옥상 정원을 꾸미면 고객들과 사적인 시간을 보낼 수 있다는 것이 그 이유였다. 미국 기업가들은 중요한 고객을 집으로 초대하곤 한다. 자신의 집에서 더 유리한 협상을 할 수 있기 때문이다. 그의 집은 주거와 휴식을 위한 일반적인 공간이 아닌, 처음부터 비즈니스를 위해 만든 쇼룸의 목적이 강했기 때문에 가장 기본적인 차고를 만들지 않은 것이다. 부자들은 줄인 만큼의 가치 역시 소득이기 때문에 겹핍된 공간에서도 충분히 만족한다.

따라서 내가 부자가 될 가능성이 있는가 혹은 돈을 버는 방향으로 가고 있는가를 알려면 내 공간부터 살펴봐야 한다. 내 공간이 의도했던 목적에 맞게, 본질에 맞게 구성되어 있는지, 효율적인 측면에서 최대치를 내고 있는지 등을 다시 점검할 필요가 있다. 집에 겹핍된 곳, 부족한 곳이 없다고 느껴진다면 어쩌면 부자로서의 운도 멈춰 있는지도 모른다. 재운은 반드시 결핍의 공간에 머무는 법이다.

400년을 이어온 최 부잣집의
남다른 스페이스로지

———

재불백년(財不百年). 즉, '100년 가는 재산은 없다'라는 말이 있다. 어렵게 쌓은 재물은 인고의 과정을 경험하지 못한 후손을 만나면 봄눈 녹듯 사라져버리게 마련이다. 그런 면에서 경주 최 부잣집은 무려 12대, 400년 동안 부를 이어왔으니 가히 독보적이라 할 만하다.

많은 사람이 최 씨 집안의 부를 말할 때면 지리적 혜택이나 경영 능력이 아닌 '육훈'으로 불리는 가훈에 대해 먼저 말하곤 한다. 가훈에는 사방 100리에 굶어 죽는 사람이 없게 하고 진사 이상의 벼슬은 하지 말라는 식의 사회 환원적이고 반권력적인 내용이 담겨 있다. 이런 가훈의 실천이 400년 부를 가능하게 한 주요 요인이 됐다는 것이다. 물론 틀린 말은 아니다. 하지만 좋은 가훈을 둔 것과 그것을 대대로 실천하는 것은 또 다른 문제다. 세상에 좋은 가훈을 가진 집이 어디 최 부잣집뿐이겠는가. 아마도 그들에게는 부의 세습을 가능하게 해준 또 다른 무언가가 있을 것이다. 나는 그 흔적을 '집'에서 발견할 수 있었다.

최 씨 고택은 지역의 한옥 양식을 그대로 따른 것 같지만 자세히 보면 다른 집들과 차이점이 있다. 일단 모든 건축물이 화려하고 사치스러워 보이지 않았다. 가장 좋은 목재로 지어진 한옥 자체의 고급스러움은 있었지만 그 큰 공간을 채워온 방식은 소박하고 검소했다. 집이 유독 아담해 보이는 것은 주위 향교와의 갈등을 피해 터의 위치와 용마루를 낮췄기 때문이다. 다른 집들에 비해 솟을대문을 작게 만든 것도 주요하다. 지금이야 아파트가 대부분이라 대문이라 부를 만한 문도 없지만 과거의 대문은 중요한 상징성을 갖고 있었다. 예를 들면 아무 것도 없는 허허벌판이라도 그곳에 문을 세워두면 문을 기준으로 이곳과 저곳은 다른 공간이 되었다.

행운이나 재앙이 들어오는 것도 대문을 통해서였다. 여러 문 중에서도 한옥의 메인 출입구라 할 수 있는 솟을대문은 집의 위엄과 권세를 나타내는 집의 얼굴이기도 했다. 그런 문을 낮고 작게 만들었다는 것은 자신들의 권위를 내려놓겠다는 선언이기도 했다. 그 낮아진 문턱으로 하루에만 100명이 넘는 과객과 유랑객이 넘나들었다. 이들 중에는 지위가 높고 식견이

경주에 있는 최 부잣집 본가의 사랑채와 그 옆에 위치한 곳간의 모습

풍부한 선비도 있었지만 신분이 낮고 굶주린 사람도 있었다. 최 씨 집안사람들은 차별을 두고 사람을 가릴 수도 있었지만 그렇게 하지 않았다. 모든 손님을 차별하지 않고 극진하게 대접했다. 이런 후한 모습은 사람들의 입을 타고 전국적으로 퍼졌고, 최 씨 집안을 한양의 위정자들에게 알리는 역할을 해주었다. 최 씨 집안이 권력의 참견을 받지 않으면서 민란 속에서도 민중의 지탄을 받지 않았던 것은 그 집에 머물며 융숭한 대접을 받았던 사람들의 보이지 않는 후원과 지지가 있었기 때문일 것이다.

집 안에서 곳간을 가장 크고 눈에 띄게 만들었다는 점도 특별하다. 사랑채에 드나들던 수많은 손님은 사랑채 옆에 있는 곳간을 매번 마주해야 했을 것이다. 처음에는 자신들의 재력을 과시하는 것이 아닌가 생각할 수 있었겠지만 이내 모으는 일보다 베푸는 일에 자주 곳간 문이 열린다는 사실을 알았을 것이다. 실제 흉년이 들거나 혹한이 길어져 양식이 부족해지면 최 부잣집은 가장 먼저 곳간을 열어 식량을 나눠주고 구휼했다.

작은 문과 큰 곳간은 결과적으로 최 씨의 집을 수많은 사람이 드나드는 열린 공간으로 만들어주었다. 그 개방성은 시간이 쌓일수록 최 씨 집안을 명문가로 만들어주었고 스스로를 단속하는 명분이 되었다. 절이나 교회처럼 최 부잣집 자체가 하나의 상징이 되어 구성원들로 하여금 이곳에 살고 있는 의미를 되새기게 해준 것이다. 이는 세대를 넘어 부를 유지할 수 있는 특별한 힘이 되었을 것이다.

이처럼 부자들에게는 시대와 공간의 차이는 있지만 저마다 공간을 다루는 자신만의 특별한 감각이 있다는 공통점이 있다. 따라서 우리가 주의깊게 살펴봐야 할 것은 그들이 살고 있는 터가 아니다. 부자들이 자신들의 공간을 어떻게 활용하고 만드는가, 그들만의 스페이스로지가 무엇인가에 집중해야 한다. 그리고 그들만의 특별한 기술을 발견했다면, 내 공간에 어떻게 접목시키고 응용할 수 있는지 연구하고 실천해야 한다. 부자의 공간은 따로 있는 것이 아니다. 자신이 만들어가는 것이다.

8

•

새로운 시대,
새로운 리더의
공간을 창출하다

물고기자리 시대에서
물병자리 시대로

'북쪽 끝 검푸른 바다에 물고기가 있으니 이름을 곤(鯤)이라 한다. 곤의 크기는 몇 천 리가 되는지 알 수 없다. 어느 날 곤이 변해 새가 되니 그 이름을 붕(鵬)이라 한다.'

이 대목은 '자아의 초월적 비상'으로 해석되는《장자(莊子)》의 첫 구절이다. 물고기가 스스로를 초월해 새가 되고, 물 밖세상으로 나와 반대편 바다를 향해 비행을 시작한다는 것. 이는 하늘 끝까지 날아오르는 붕새처럼 세상을 바라보는 원대한 시야를 갖게 한다.《장자》를 읽을 때마다 장쾌한 동양 철학의 정수를 음미했던 구절이다. 그런데 최근 새로운 분야의 공부를 하면서 이전에는 보이지 않던 무언가가 보이기 시작했다. 수천 년간 서양의 정신문화를 지배했던 점성학이 알려준 붕새의 비밀. 그것은 바로 '물병자리 시대'의 도래다.

점성학에 의하면 2,160년을 주기로 한 시대가 바뀐다고 한다. 지금 우리는 대략 2,000년 정도 이어져온 물고기자리 시대의 말미에 살고 있다. 그리고 머지않아 새롭게 물병자리 시대가 열릴 것이다. 이른바 '뉴에이지'의 도래다.

흥미로운 것은 시대가 바뀔 때면 동서양을 막론하고 특정한 상징, 코드가 나타난다는 것이다. 특히 예수와 부처, 장자는 이전 시대에서 지금의 물고기자리로 넘어오던 과도기에 태어난 인물들이다. 불가에서는 지금도 목어(木魚)를 두드리며 새벽을 맞이하고 풍경 끝에 물고기를 매달아놓는다. 항상 눈을 뜨고 있는 물고기를 수행자의 표상으로 삼기도 한다. 기독교에서 물고기는 예수를 나타내는 상징물로 쓰인다. 마치 자신들이 맞이할 시대가 물고기자리 시대임을 인증하는 것처럼.

공교롭게도《장자》의 첫 구절 역시 '곤'이라는 물고기로 시작한다. 그리고 곤은 스스로를 변화시켜 붕새가 된다. 주목할 점은 새가 그다음 도래할 물병자리 시대를 상징한다는 것이다. 고대의 선인이 직관과 통찰로 다가올 또 다른 시대를 예언하기라도 한 것일까. 인간 의식의 진화가 가게 될 길을 누군가는 새라는 문학적 비유로, 누군가는 별자리라는 우주적 장치로 설명했는지도 모른다.

점성학은 단순히 점성술이라는 미신으로 치부되기도 한다. 하지만 점사를 제외한 점성학은 별과 인간이 수천 년간 함께

한 공존의 기록이자 역사다. 일정한 주기를 갖는 별자리의 출현은 사람의 몸과 마음이 그 주기에 따라 어떻게 변하는지를 알려주는 통계가 된다. 수만 광년 떨어진 별에 놀라운 힘이 있어 나에게 영향을 미치는 것이 아니다. 이들은 거대한 우주의 공간에서 내 위치를 알려주는 지표가 된다. 그리고 그 위치의 변화가 가져다줄 새로운 공간의 에너지를 암시해줄 뿐이다.

지금 우리는 이미 새로운 시대의 과도기에 들어서 있다. 물병자리 시대. 그것은 '새'라는 상징이 보여주듯 개개인이 자유롭게 비상하는 시대다. 우리가 지내온 2,000년간의 물고기자리 시대는 피와 피부, 성별에 따라 차별받고 억압받던 시대였다. 대부분의 사람은 차별을 당연하게 받아들였다. 종교조차도 신분과 계급에 따라 연민과 자비를 베풀었다.

그러나 물병자리 시대는 '너와 나는 다르지 않다'는 데에서 출발한다. 역설적이긴 하지만 그런 의식 변화를 보여주는 대표적인 코드가 요즘의 '금수저, 흙수저' 논란이다. 출신에 따라 인생이 결정된다는 서글픈 담론에는 '부모만 잘 만났다면 나도 너와 다르지 않았을 것'이라는 수평적 사고가 깔려 있다. 이처럼 누구나 자기만의 세계와 철학이 있고 그것을 존중받고 싶어 하는 시대가 바로 물병자리 시대다. 시대에도 인격이 있다면 부모의 보호와 통제로부터 벗어나 독립하고 싶어 하는 청년의 모습을 닮아 있다. 사람들은 점점 집단에서 개인으로 분리되고 권위와 관습으로부터 독립하려는 경향이 강해질 것이다. 그렇기에 물병자리 시대의 가장 중요한 키워드 중 하나는 '연결'이다. 홀로 있고 싶지만 고립되지 않기 위해 본능적으로 연결 감각을 추구하는 것이다. 트위터의 상징인 파랑새가 본격적인 SNS 시대를 열며 사람들을 연결시켰던 것도 우연만은 아닐 것이다.

이처럼 시대적 감성이 변하면서 대중들이 원하는 리더의 모습 역시 바뀌고 있다. 이제는 권위와 힘을 내세우고, 대중을 가르치려 하는 리더십은 조롱받기 십상이다. '너와 나는 다르지 않다'라는 물병자리의 기본 철학을 정치적 수사가 아닌, 감성 깊숙이 갖고 있는 리더, 싫어하는 대상을 정복하거나 피하지 않고 그대로 받아들이며 함께 가는 리더, 자신의 주장만 내세우는 존재가 아닌 친구처럼 서로를 공감하며 나란히 걸을 수 있는 리더를 대중들은 알아보게 되어 있다. 그리고 그런 리더들이 점점 더 각광받는 새로운 시공간이 다가오고 있다.

어디든, 누구든 바로바로 연결되는 최고의 플랫폼

───────

이곳을 어떻게 표현해야 할까. 서울 시청 6층에 있는 시장실은 북적이는 서울역 대합실 같다. 정중앙에는 대형 디지털 스크린이 서울시 현황을 실시간으로 보여주고, 열린 문 안으로 직원들이 자유롭게 드나든다. 한쪽 벽 천장에는 '방송 중'이라고 써진 녹색 등이 있다. 저 등에 불이 켜지면 이 공간은 고스란히 생중계된다. 시장실에는 그 흔한 소파도 없다. 그 대신 10여 명이 회의할 수 있는 큰 회의 탁자와 시민들에게 줄 선물이 가득 담긴 손수레가 있다. 책상에는 서류더미가 가득하고, 책상 반대편 벽에는 수십 개의 파일이 가지런히 꽂혀 있다. 그런데 파일마다 예사롭지 않은 손 글씨가 보였다. 보통 이런 파일에는 구분할 수 있는 제목을 프린터로 출력해 붙여놓는 경우가 많은데, 손 글씨라니.

박원순 시장은 그동안의 시정(市政) 기록들을 손수 파일로 정리했다. 박 시장의 손때가 묻은 파일들이 시장실 책장을 빼곡하게 메우고 있다.

"파일에 손 글씨가 보이는데, 혹시 시장님이 직접 쓰신 건가요?"

"네, 맞습니다. 여기 있는 파일들은 모두 제가 직접 정리해서 만들어놓았어요. 그래서 직원들은 뭐가 어디에 있는지 잘 몰라요. 서울시의 현안들이 다 담겨 있어 제게는 보물 1호나 다름없습니다."

박원순 시장이 특유의 사람 좋은 웃음을 지었다. 그는 책상 밑에 대기 중인 새 파일들을 보여주더니 잘 공개하지 않는다는 숨겨진 공간도 보여주었다. 그곳에도 100여 개에 이르는 시정 파일이 가득했다. 파일 하나하나가 시장으로서 그가 남긴 역사적인 발자국인 동시에 지금도 진행되고 있는 서울시의 발걸음이었다. 그 파일들을 보며 새삼 그의 집무실에 붙이고 싶은 이름이 떠올랐다.

'움직이면서 봐야 제대로 보이는 공간'

가만히 멈춰 있는 사람의 눈에는 복잡하고 정신없는 기차역 대합실처럼 보일 수 있지만 그곳에서 떠나려고 차례대로 대기하는 사람에게는 자연스러운 풍경이다. 박원순 시장의 집무실은 빠르게 움직이지 않으면 불편한 공간인 반면, 끊임없이 걷고 일하는 사람에게는 최적화된 공간이다. 어디든, 누구든, 어떤 현안이든 바로바로 연결될 수 있는 최고의 플랫폼인 셈이다. 박원순 시장이 디자인하고 있는 서울이라는 공간 역

●

소통하는 리더의 공간은 사람들이 수없이 오가는 '대합실'을 연상케 한다. 박원순
시장이 2017년 6월 '디지털 시민 시장실'로 꾸민 집무실 모습

시 어디로든 연결되는 거대한 플랫폼이 되고 있다. 그가 만들고 있는 인간의 길, 보행로를 통해서 말이다.

물병자리 시대가 요구하는
'연결 감각 리더십'

———

취임 이후 '보행 도시'를 만들겠다고 선언한 그는 약속대로 서울 곳곳을 걷고 싶은 도시로 만들고 있다. 차가 없는 거리가 늘어났고, 보행로가 한결 넓어졌다. 끊어져 있던 길들을 하나로 잇는 작업도 계속해서 해나가고 있다. 걸음으로도 서울을 관통할 수 있게 될 날도 머지않았다.

얼마 전에 보행로로 탈바꿈한 서울역 고가도로를 걸어보았다. 길은 남산으로, 남대문 시장으로 촘촘히 연결되어 있었다. 차가 완전히 사라진 고가 위에서 천천히 바라보는 도시의 풍경은 색달랐다. 느릿느릿 산책하는 사람들의 표정에도 여유와 호기심이 가득했다. 똑같은 길임에도 차가 아닌 사람이 다니는 길은 이전과 전혀 다른 에너지로 채워져 있었다. 정서를 회복하는 인간의 길이 연결될 때 사람과 도시 간의 길도 새롭게 연결될 수 있음을 발견한 순간이었다.

자동차를 위한 기계의 길이 아닌, 오직 인간을 위한 길을 걷다 보면 본래 '나의 속도'로 걷고 있는 자신을 발견하게 된다. 인류 탄생 이래 가장 빨라진 요즘 시대에서 걷는다는 것은 타고난 나의 호흡, 내면을 성찰하고 회복하는 일이다. 박원순 시장이 만들고 있는 보행 도시가 개인적으로는 그 어떤 대단한 랜드마크보다 반가운 이유다. 자본과 물질 중심의 사회로 빠르게 재편되고 있는 이 시대에 사라졌던 인간의 길이 살아난다는 것은 최소한의 균형을 지키고 공동체로서의 생명력을 복원한다는 의미이기 때문이다.

"저는 걷는다는 것이야말로 삶 자체라고 생각합니다. 육체는 건강해지고, 천천히 사물을 관찰하며 머리로는 생각하고 배울 수 있죠. 지금까지 서울은 자동차에 주인 자리를 내준 도시였는데, 보행로가 생기면서 시민들이 다시 주민이 되고 있어요. 이미 있는 길들을 조금씩만 연결하면 걸어서 서울 어디든 갈 수 있게 됩니다. 이렇게 보행로를 연결하면 시민들의 마음도 한결 여유로워질 것이라 생각합니다."

도시 곳곳에 인간의 길을 만들고 연결시켜 물질의 이기(利己)에 체한 도시를 순환시키고 생명력을 복원하고 있는 박원순 시장. 그런 면에서 박원순 시장은 물병자리 시대가 요구하는 '연결 감각'을 가진 리더인지도 모른다.

박원순 시장의 공간에 있는 물건들은 저마다의 사연, 콘텐츠가 있다. 그가 쓰고 있는 회의 탁자는 시민들이 오랫동안 쓰던 가구를 재활용한 것이다. 시민들의 애환과 삶의 궤적을 느끼고 싶어 마련한 것이라고 한다. 책상 가운데에 있는 의자는 늘 자리를 비워둔다. 시민들이 언제나 그곳에 앉아서 듣고, 보고 있다고 생각하기 위해서다. 반대편의 오래된 의자는 동료였던 고(故) 조영래 변호사가 쓰던 것이다. 그것을 가져다둔 이유는 고락을 함께했던 인권 변호사 시절과 앞서간 이들을 잊지 않기 위한 일종의 다짐이자 약속 때문이다. 공간의 아주 사소한 것들에까지 시민들과의 연결 장치를 일부러 배치해둔 것이다. 그 근원에는 과연 무엇이 있을까.

"시장님께서 만들고 싶은 서울은 어떤 모습입니까?"

"제가 이번 신년사에서 '각자도생의 세상을 넘어 공동체적 삶에 기반한 사회적 우정의 시대를 열자'라고 말했습니다. 요즘 사회가 갈수록 파편화되고 1인 가구, 2인 가구가 절반을 차지하고 있지 않습니까. 삶의 무게를 혼자 짊어지고 가는 시대가 왔기 때문에 함께 나누는 공동체의 삶, 사회적 우정이 있는 서울을 만들고 싶습니다."

사회적 우정. 우정이란 '너와 내가 다르지 않은' 동등한 입장에서 만들어지는 관계다. 모두가 목말라 하는 시대의 핵심 코드이자 지켜내야 할 소중한 가치이기도 하다. 어쩌면 그의

'연결 리더십' 속에는 우정이라는 따뜻한 감성이 묵직하게 자리 잡고 있는지도 모른다. 정치적 수사는 얼마든지 바뀌고 가공될 수 있다. 그러나 인간의 내면을 고스란히 보여주는 공간은 쉽게 거짓말을 하지 않는다.

내가 아름답다고
느끼는 것에 대한 확신

물병자리 시대의 또 다른 주요 키워드는 바로 '독립'과 '은둔'이다. 이를 보여주는 또 다른 리더의 스페이스로지를 찾아 떠난 곳은 일산에 위치한 정발산. 그곳에 최악의 불황 속에서도 안정적인 성장을 하고 있는 출판사가 있다. 바로 국내 2위 규모의 종합 미디어그룹 W 출판사다. 다수의 밀리언셀러를 출간한 곳으로 팟캐스트 빨간책방, 웹툰 플랫폼 저스툰을 성공적으로 런칭시키기도 했다.

정발산은 김대중 전 대통령이 선택한 명당으로도 널리 알려진 곳이다. 그래서 처음에는 정발산에 터를 잡은 W 출판사만의 사옥이 있을 것이라 생각했다. 콘텐츠를 다루는 출판사답게 독특하고 재기 넘치는 무언가가 있을 것이라는 기대감이 가슴을 설레게 했다. 하지만 예상과 달리 W 출판사는 오래된 상가 한 켠에 담담히 세 들어 있었다. 너무 소박해서 제대로 찾아온 것이 맞는지 몇 번을 다시 확인해야 했다. 특히 대표실은 다른 층에 떨어져 있어 더욱 찾기가 힘들었다. 승강기, 층별 안내 표지판 등 그 어디에도 대표실을 찾을 수 있는 안내가 없었다. 마치 비밀스러운 은자(隱者)의 공간 같았다.

은빛 머리를 하고 적당히 수염을 기른 출판사 대표의 온화한 모습 역시 그런 분위기를 풍겼다.

"대표실이라고 하면 불필요하게 찾아오는 사람이 많아요. 특별한 목적 없이 인사차 찾아오는 사람도 있고, 반대로 필요 이상의 부담을 느끼는 사람도 많죠. 그런 오해와 번거로움이 싫어서 대표실이라는 표지판을 아예 붙이지 않았어요."

그는 대표라는 직책은 직원들과 함께 토론하고 해결책을 찾는 역할을 할 뿐, 회사를 대표하는 것은 회사의 이름이지 자신이 아니라고 강조했다. 대표라는 이름이 주는 권위와 편견을 내려놓고 싶어 그는 자신의 방 앞에 '대표실'이 아닌, '출판 미래 전략실'이라는 이름을 내걸었다.

대표의 이런 마인드는 공간에도 고스란히 반영되어 있었다. 그의 공간에는 리더의 공간이라면 당연히 있을 법한 '구심점'이 없었다. 모든 공간에는 공간의 중심이 되는 구심점이 있게 마련이다. 공간의 동선은 대부분 그 구심점을 중심으로 만들어진다. 거실의 구심점이 TV라면 소파와 탁자, 여타의 소지

W 출판사 대표의 집무실에서 보이는 정발산의 모습. 왜 남향을 택하지 않았느냐는 질문에 그는 "그렇게 있는 게 가장 편하다"라고 답했다.

품들은 TV 시청을 가장 효율적으로 할 수 있는 방향으로 배치된다. 안방의 구심점이 침대라면 침대의 방향이 다른 가구들의 위치를 좌우한다. 대부분의 대표실은 업무를 보는 대표의 책상을 중심으로 동선이 만들어져 있다.

이런 구심점들은 공간에 상식적인 배열을 만든다. 그래서 사람들은 처음 가본 공간에서도 대충 이곳에는 어떤 물건이 있고, 저곳에는 어떤 물건이 있을지 예측할 수 있다. 하지만 연준혁 대표의 공간에는 그런 구심점이 보이지 않았다. 조화롭게 잘 정돈된 공간이었지만 각각의 가구가 자신만의 동선을 가지고 있었다.

일단 전체적으로 보면 삼면으로 창이 나 있어 어떤 방향에서도 일산의 멋진 풍경을 내다볼 수 있었다. 이런 곳이라면 대부분 앞이 탁 트이고 해가 드는 남쪽의 호수공원을 향해 책상을 두게 마련이다. 하지만 그의 책상은 정반대 편에 있는 북쪽 정발산을 향해 있었다. 산이 낮아 답답할 정도로 시야를 가리는 것은 아니었지만 남향에 충실한 정발산 아래의 다른 대형 건물들은 모두 집무실을 향해 서 있었다. 결국 서로 마주 보고 있는 형국이니 여간 어색한 위치가 아닐 수 없다. 집무실에서 그가 가장 아낀다는 안락의자의 위치도 그랬다. 잠시 숨을 돌리거나 독서를 할 때 사용한다는 안락의자는 밖의 풍경을 여유롭게 감상하며 쉴 수 있는 곳이 아닌, 창을 등지고 천장에 닿아 있는 높은 책장을 마주하고 있었다. 안락의자에 앉으면 책장의 책들이 쏟아질 듯 올려다 보이고 누군가 들어오면 안락의자에 앉아 쉬고 있는 그의 얼굴과 마주하게 된다. 그에게 이런 구조를 갖게 된 이유를 물으니 간단하고 명료한 답변이 돌아왔다.

"그게 가장 편하니까요."

그는 정발산을 보고 싶어 그곳에 책상을 뒀을 뿐이다. 쭉쭉 뻗어 있는 산줄기와 녹색의 식물들을 보는 것만으로도 충전이 된다고 했다. 안락의자도 마찬가지였다. 책장을 보고 앉는 게 편해 그곳에 앉을 뿐이었다. 나와 책장 사이의 좁지만 아늑한 거리가 먼 풍경보다 훨씬 안정감이 든다는 것이다. 각각의 가구는 각자의 자리에서 독립적으로 존재하며 상황에 맞는 기능을 공평하게 수행할 뿐이다. 전체의 뻔한 조화는 이런 기능 위주의 공간에서 중요한 부분이 아니다. 그의 집무실은 자기 자신이 아름답다고 느끼는 것에 대한 확신이 있을 때 만들어질 수 있는 공간이다. 이는 자신의 판단에 대한 신뢰와 믿음이 있을 때 가능한 일이다. 이런 신뢰의 미학은 회사 경영에도 그대로 반영되고 있었다.

W 출판사는 '분사형 시스템'이라는 독특한 방식으로 운영되고 있다. 분사는 5~6명 단위로 조직되고, 분사장 중심의 자치권을 갖는다. 분사장이 소사장이 되어 자체적으로 계획을

짜고 책임을 지는 구조다. 오너의 개입은 최소화하고, 오직 결과물로 평가를 받는다. 실적을 낸 분사는 그만큼의 인센티브를 받는다. 이런 분사형 경영 방식을 '아메바 경영'이라고 한다. 아메바 경영은 일정한 크기에 이르면 더 이상 크기를 키우지 않고 둘로 나뉘어 증식하는 아메바처럼 조직을 작은 크기의 단위로 운영하는 것을 말한다. 큰 틀에서의 경영 철학과 방식을 공유할 뿐, 그 외의 것들은 각자의 방식대로 스스로 증식시키는 것이다.

이런 상태를 잘 유지하기 위해 절대적으로 필요한 것은 무엇일까. 바로 분사에 대한 '신뢰'다. 대표가 컨트롤하지 않고 관여하지 않아도 스스로 잘 해낼 것이라는 믿음이 전제가 되지 않으면 분사 시스템은 유지되기 힘들다. 합리적인 시스템이지만 다른 출판사들이 도입하지 못하는 것은 이런 이유 때문이다. 실적을 내지 못하는 분사를 몇 년씩 두고 보는 경영자는 그리 많지 않다.

W 출판사 대표의 공간에서 가장 중요한 관객이자 주체는 결국 나 자신이었다. 내가 아름답다고 생각하는 것, 내가 의미 있다고 생각하는 것이 공간의 가장 편하고 아름다운 풍경이 된다. 이런 식의 조율은 구심점 없이 변화무쌍한 물병자리 시대가 암시하는 독립된 공간의 모습이기도 하다.

조직을 하나의 생명체로 본다면, 리더의 공간은 그 조직의 거울 뉴런이라고 할 수 있다. 거울 뉴런은 타인의 행동이나 감정을 모방하는 신경세포를 말한다. 사람들은 리더의 공간을 통해 그곳에서 암시하는 많은 것을 추종하고 따르는 경향이 있다. 그래서 시대를 이끄는 리더의 공간을 보는 것은 무엇보다 중요한 일이다. 그런데 리더라고 하면 많은 사람이 일단 나와는 상관없는 사람으로 치부해버린다. 우리가 생각하는 리더란 평범한 사람과는 거리가 먼 권력과 명예의 상징이라고 생각하기 때문이다. 하지만 그렇지 않다. 육아, 공부, 운전 혹은 간신히 삶을 살아내고 있는 것만으로도 충분하다. 내가 끌고 가는 그 무언가가 있다면 이미 충분한 리더의 역할을 하고 있는 것이다. 그렇기에 리더의 공간은 바로 내 공간에 대한 담론이기도 하다. 그리고 이런 식의 사유가 바로 물병자리 시대의 철학이기도 하다.

앞서 언급한《장자》의 첫 구절에서 사람들이 언급하지 않는 부분이 있다. 물고기가 새가 되는 모습이 바로 자신이 무서워했던 천적으로의 변화라는 점이다. 그 과정은 너무나 두렵고 외로웠을 것이다. 곤이 두려움을 견딜 수 있었던 것은 그 변화의 에너지가 바로 자신에게서 나오고 있음을 알았기 때문이다. 주위의 다른 힘에 의지하는 것이 아니라 내면의 에너지를 통해 변화를 만들어가는 것. 이때 연결과 독립의 코드는 스스로 변화를 준비할 수 있는 키워드가 된다. 그리고 그렇게 모인

각자의 공간은 또 다른 변화를 준비하게 될 새로운 도시의 자연이 될 것이다.

9

.

크리에이티브가
샘솟는
이완된 몰입 공간

창조적 영감의 원동력,
나만의 독립된 공간

───

얼마 전에 시승해본 지인의 새 차는 놀라움 그 자체였다. 엑셀을 밟지 않아도 속도를 유지해주는 반자율 주행 기능과 자동 주차 기능이 있었고, 시트는 안마 의자처럼 움직였다. 그에 비하면 10년째 타고 있는 내 차는 박물관 유물처럼 투박하게 느껴졌다.

이런 느낌이 드는 것은 새 차를 탔을 때만이 아니다. 새로 지은 아파트나 건물을 방문할 때도 비슷한 느낌을 받는다. 곳곳에 설치된 낯선 버튼과 기능들은 호기심을 자극하며 내가 가지고 있는 것을 상대적으로 낡고 볼품없다는 생각이 들게 만든다. 창조와 혁신이라는 말이 시대의 구호가 된 요즘, 사회가 변하는 속도는 숨 돌릴 틈 없이 빨라지고 있다. 휴대폰 같은 가전제품은 경쟁적으로 새로운 기능을 추가하고, 미디어 상품들은 하루가 다르게 진화하며 새로운 종류의 영화와 게임을 보여준다.

하지만 빠른 세상의 변화가 늘 좋은 것만은 아니다. 기술은 정체되기 쉽고, 속도감에 길들여진 사람들은 쉽게 지루해지게 마련이다. 이런 문제는 기존의 암기식 위주의 지식으로는 해결할 수 없는, 새로운 감각의 해답을 필요로 한다. 이때 필요한 해결사가 바로 크리에이티브(creative)다.

우리에게는 너무나 익숙하지만 지금 같은 의미의 크리에이티브가 보편적으로 쓰이기 시작한 것은 불과 150년이 되지 않는다. 그렇기에 전통적 공간에서도 창조적 공간이란 개념은 존재하지 않는다. 그 당시 창작에 대한 인식은 공자의 술이부작(述而不作), '선인의 가르침을 그대로 기술하지만 창작하지는 않는다'라는 말로 정의된다. 기존의 것을 부정하고 새로운 것을 만들어내는 창조적 행위는 자기합리화에 빠진 삿된 편견이나 위험한 도발로 취급받기 일쑤였다. 충분한 당위성을 가지고 왕권을 통해 창작된 한글조차도 국문으로 인정되기까지 450년의 시간이 걸렸다.

이런 부정적 뉘앙스는 동양의 운명학에서도 그대로 드러난다. 명리학에서 창조성으로 해석할 수 있는 편인(偏人)이란 용어는 다른 말로 올빼미를 의미하는 효신(梟神)이라 불린다. 올빼미는 고대 중국에서 자신의 어미를 잡아먹는 새로 알려져 있다. 결국 창조란 나를 있게 해준 것에 대한 패륜과도 동일시 됐다는 말이다. 그렇게 부정한 에너지를 주는 공간을 굳이 찾을 필요도, 공론화할 수도 없었을 것이다. 하지만 효신의 올빼미는 서양의 로마로 넘어오면서 환영받는 지혜의 동물이 된다. 지혜의 신 미네르바는 황혼녘에 산책을 나갈 때마다 올빼미와 함께했다고 한다. 칠흑 같이 어두운 밤에도 눈을 밝혀 먹이를 찾아내는 올빼미의 습성을 지혜의 한 부분으로 여겼기 때문이다.

동양에서 효신의 올빼미가 패륜의 아이콘으로 새장에 갇혀 있을 때 미네르바의 올빼미는 저 멀리 보이지 않는 곳을 향해 끊임없이 비행했다. 사소할 수도 있는 인식의 차이가 본격적인 결과물로 드러나기 시작한 시기는 18세기다. 우연인지, 필연인지 18세기는 서양 점성학에서 창조를 상징하는 별, 천왕성이 처음으로 발견된 때이기도 하다. 새로운 별의 발견은 기술의 발전에 따른 인간 의식의 확장을 의미한다.

점성학에서 말하는 것처럼 그 별이 우리에게 어떤 영향을 미친 것일 수도 있지만 한편으론 그 별을 찾아낸 인간의 의식이 그동안 알지 못했던 삶의 가치들을 각성시켰다는 의미일 수도 있다. 이때 별은 그 시대의 열망을 상징하기도 한다.

실제로 이 시기에는 자유와 독립, 창조 같은 전에 없던 새로운 관념들이 생겨나기 시작했다. 미국의 독립전쟁과 프랑스혁

명이라는 큰 변화의 물결이 출렁였다. 크리에이티브의 개념이 서서히 퍼지기 시작한 것도 이때쯤이다. 재미있는 사실은 이런 독립적이면서 창조적인 관념이 불러온 공간의 변화가 가장 먼저 '화장실'에서 이루어졌다는 점이다.

개인 화장실은 이전에도 드물게 있었지만 대중적 공감대를 전혀 형성하지 못한 공간 중 하나였다. 사람들은 집 안에 비치된 배설용 용기에 용변을 담아 개울가나 구덩이에 버렸고, 담이나 길에서 공개적으로 용변을 보기도 했다. 여럿이 동시에 볼일을 보는 것도 흔한 일이었다. 함께 용변을 본다는 것이 몰상식하거나 부정적인 행위로 인식되지 않았기 때문이다. 동물들이 용변을 통해 자신의 영역을 표시하듯 함께 용변을 본다는 것은 영역을 공유하고 있음을 알리는 자연스런 행위였다. 그런데 19세기에 들어 수세식 변기가 인기를 끌면서 판도가 바뀌었다. 상하수도의 정비와 함께 거리에는 칸막이가 설치된 수세식 공중화장실이 늘어났다. 개인위생의 중요성이 강조되면서 일반 사람들의 집에도 수세식 화장실과 욕실이 별도로 설치되었다.

이 시기를 기점으로 사람들은 생리 현상이 개인적이고 수치스러울 수 있다는 것에 공감하기 시작했다. 이는 사람들이 집단적 사유에서 벗어나 개인으로서의 나를 인식하기 시작했다는 말이기도 하다. 아이가 클수록 독립된 자신의 공간을 가지고 싶어 하듯 집단의식의 성장도 그런 개인적 공간을 필요로 하게 된 것이다. 화장실로부터 시작된 사적인 공간의 발달은 우리에게 혼자만의 시간, 여분의 시간이 주는 자유를 선물해주었다. 그곳에서 우리는 나만의 은밀한 상상과 취향을 마음껏 드러낼 수 있게 되었다.

크리에이터(creator)에게 사적인 공간이 중요한 것도 이 때문이다. 창의적 발상은 주체적이고 독립적인 의식의 성장이 있을 때 가능하다. 그리고 그런 성장은 나만의 공간에 있을 때 더욱 자유롭게 확장될 수 있다. 그 자유로움이 결국 창조적 영감을 불러일으키는 원동력이 되는 것이다.

공간의 파장이 가득한
크리에이티브 디렉터의 작업실

———

크리에이티브 디렉터 정치호 씨의 집은 마치 새하얀 이집트 사원 같았다. 연희동 언덕에 걸터앉은 삼층집은 군더더기가 없었다. 겉모습은 단순해 보였지만 어딘가 비밀스러운 분위기를 풍겼다. 실제로 1층 작업실로 들어가니 오래된 보물 창고(?)가 펼쳐졌다. 옛날 할머니 집에 있었을 법한 구식 TV들이 한쪽 벽에 가득 쌓여 있었고, 싱크대 옆에는 외국에서 가져온 빈티지 자판기가 서 있었다. 책상으로 쓰는 널찍한 테이블 위에는 한눈에 보기에도 예사롭지 않은 물건들이 무심히 놓여 있었다.

그 유명한 독일의 산업 디자이너 잉고 마우러의 LED 조명과 이탈리아 디자인계의 거장 알레산드로 멘디니의 스탠드, 국내에는 거의 없다는 뵘(Böhm) 사(社)의 스털링 엔진 세트까지. 그중에서도 내 눈을 사로잡은 것은 너무나 고급스럽게 '잘 생긴' 연필깎이였다.

"그건 스페인의 엘 카스코가 1976년에 만든 M430 시리즈 중 하나예요. 엘 카스코는 100년 전통의 총기 회사인데, 대공황 시대 때 자구책으로 연필깎이를 비롯해 탁상용 소품을 만들기 시작했죠. 제련 기술이 워낙 좋은 회사라서 여기 들어가는 모든 소품을 일일이 수작업으로 만들었어요."

자신이 아끼는 물건을 설명하는 순간, 뿔테 안경 너머의 눈이 빛나기 시작했다. 정치호 씨는 자신이 가진 수집품만큼이나 다양한 일을 한다. 그는 일간지 사진 기자 출신으로, 본업인 사진 이외에도 《빅이슈》란 잡지를 디자인하고 가구, 조명 등 생활용품을 만드는 디자인그룹 엇모스트를 이끌고 있다. 지난해 '리버스(REBIRTH, 재생)'라는 주제의 전시회에서 아날로그 TV를 재해석한 월넛 TV장과 전통 고가구인 반닫이를 재현한 작품들을 선보여 주목받기도 했다. 이뿐만이 아니다. 유명 기업들의 기업 이미지를 통일하는 CI(Corporate Identity)부터 제품 패키지, 공간 디자인까지 그의 손을 거치지 않은 것이 없다. 모든 것의 경계를 허무는 '크리에이터'라는 수식어가 이보다 더 잘 어울리는 사람이 있을까.

"수집하는 물건이 참 다양하네요. 보통의 콜렉터들은 피규 어라든지 안경이라든지 한 가지 품목을 정해서 모으는 경우가

●

정치호 씨의 작업실은 마치 미술관 같은 분위기를 풍긴다.

많은데요."

"일부러 수집하려고 모은 게 아니라 실생활에 필요해서 산 것들이에요. 제가 연필을 써서 연필깎이가 필요했는데, 이왕이면 디자인적으로 괜찮고 스토리가 있는 것을 사고 싶어서 찾게 된 거예요. 여기 있는 조명이나 스피커도 마찬가지고요. 모든 디자인에는 원류라는 게 있잖아요. 그 처음을 보여주는 상징적인 포인트가 될 만한 물건은 저를 비롯해 함께 일하는 디자이너들에게 도움이 될 수 있죠."

그가 곁에 두고 쓰는 물건 하나하나에는 역사와 스토리, 디자이너의 철학이 숨겨져 있었다. 그중에는 정말 구하기 힘든 희귀한 물건들도 있지만 일부러 진열장을 만들어 따로 전시하지 않았다. 자연스러운 풍경처럼 작업실 어딘가에 녹아들기 바랐기 때문이다. 그러다 손님이나 의뢰인의 눈에 우연히 발견되면 대화의 물꼬를 터주는 역할을 하기도 한다. 그날 내가 '꽂힌' 연필깎이처럼 무수한 소품 중에 한두 개쯤은 의뢰인의 시선을 끌게 마련이니까.

그와 대화를 나눌수록, 그의 공간에 익숙해질수록 이곳은 정치호 씨의 전장(戰場)이라는 생각이 들었다. 마치 전투복을 연상케 하는 야상점퍼를 즐겨 입는 그는 이곳에서만큼은 뛰어난 공간의 지배자이자 사령관이었다.

물건에 대한 사람의 반응을 보면 그가 어떤 사람인지 파악

할 수 있다. 디자인을 보는 안목, 관심사, 사람에 대한 태도 등 그에 대한 많은 정보를 얻을 수 있다. 속내를 전혀 드러내지 않으면서도 상황을 통제하고 관계에서 유리한 고지를 차지하게 되는 것이다. 이는 그의 작업 방식과도 일맥상통한다. 예전에 한 번 그가 인물 사진을 찍는 모습을 지켜봤는데, 상대와 5분 남짓 몇 마디 나누며 '인생 사진'을 찍어내는 걸 보고 깜짝 놀란 적이 있다. 상대가 일상적인 대화에 집중하는 사이, 그가 가진 가장 깊은 얼굴을 포착해버리는 식이다.

크리에이터들은 기본적으로 자신의 의도를 들키고 싶어 하지 않는 속성이 있다. 들키는 순간, 뭐든지 금방 카피되기 때문에 그것이 어떤 원천에서 나오는지 쉽게 노출되는 것을 꺼린다. 그런 그의 내면이 작품에도, 공간에도 고스란히 스며들어 있었다. 그 중심에는 공간 곳곳에 놓인 그만의 소장품들이 있었다. 그가 소유한 모든 물건은 자신이 불어넣은 의미와 감정을 통해 새로운 생명력을 갖게 되었다. 이런 물건들은 제페토 할아버지가 만든 피노키오처럼 언제든지 자신의 소리를 내며 또 다른 스토리를 이어간다. 때론 물건들의 단순한 배열이 악기의 배열처럼 아름다운 화음을 들려줄 때도 있을 것이다. 그만이 느낄 수 있는 이런 공간의 파장은 그곳에서 치열하게 해결책을 찾아나갈 크리에이터에게 편안하고 익숙한 만족감을 선물해준다. 그리고 그렇게 기분 좋은 이완의 상태에 들어갔을 때 비로소 새로운 문이 열리게 된다.

창조는 '무의식'과 깊은 연관이 있다. 일반적으로 뇌가 처리할 수 있는 정보는 초당 4천억 비트 정도라고 한다. 우리는 그 중에서 2천 비트 정도의 정보만을 실제로 처리할 뿐이다. 나머지 대다수의 정보는 무의식 속에 저장된다. 이렇게 무의식에 저장된 방대한 빅데이터들은 스스로의 편집 과정을 거치며 우리에게 쉴 새 없이 그 결과물을 전달해준다. 이 결과물들이 바로 영감과 창조의 원천이 되는 것이다.

이런 무의식의 답을 의식의 세계로 가져오기 위해서는 반드시 '이완된 몰입'이 필요하다. 우리가 흔히 생각하는 의식의 몰입은 집중이라는 긴장된 상태를 필요로 한다. 하지만 무의식의 몰입은 분산이라는 이완의 상태를 필요로 한다.

수많은 예술가가 꿈속에서 자신이 만들어낼 노래의 선율을 듣거나, 그림에서 영감을 얻는 것도 같은 맥락이다. 100여 년 전 '천재 과학자'로 불린 니콜라 테슬라는 궁금한 것이 생기면 그것을 꿈속에 넣어 해답을 찾는 방법을 터득했다고 한다.

나에게는 욕실이 그런 역할을 해준다. 도저히 새로운 생각이 떠오르지 않을 때 욕조에 몸을 담그고 머리로 떨어지는 샤워기의 물줄기를 느끼다보면 갑자기 새로운 영감들이 떠오를 때가 있다. 아르키메데스가 목욕탕에서 유레카를 외쳤듯 생각지도 않은 곳에서 실마리가 풀리기 시작하는 것이다.

개방형 오피스에 숨겨진 비밀,
내면의 무의식과 접속하라

정치호 씨의 작업실은 그가 편안하게 자신의 무의식과 만날 수 있도록 배치된 최적의 공간이다. 영감을 주는 수많은 물건을 일상적으로 마주하며 더 새롭고 아름다운 작품들을 만들어내는 창조의 공간. 창조적인 작업을 해야 하는 사람이라면 그의 작업실처럼 의미와 이야기를 부여하고 감정을 이입시킨 물건들을 놓아두는 것도 좋은 방법이다. 그 물건이 무엇이든 괜찮다. 그렇게 재창조된 물건들은 그 자체로 든든한 우군이 되어 한층 더 깊은 내면으로 들어갈 수 있는 길을 열어줄 것이다.

최근 들어 IT 기업들의 공간이 이런 코드로 바뀌고 있는 것도 창조와 혁신이 가장 중요한 크리에이티브의 특성을 알았기 때문이다. 과거에는 IT 기업들의 공간도 다른 회사들과 다를 바 없었다.

10여 년 전, 지인이 근무하던 유명한 게임회사에 방문했을 때의 충격은 아직도 가시지 않는다. 모든 창문이 검게 선팅되어 있었고, 책상마다 2개의 컴퓨터와 12개의 모니터가 성벽처럼 사람들 간에 장벽을 이루고 있었다. 모두 13명이 근무하고 있었으니 그 작은 공간에 26개의 컴퓨터와 156개의 모니터가 설치되어 있던 셈이다. 거기에다 벽과 창문, 키보드 등 눈에 들어오는 모든 곳에 게임 캐릭터가 그려져 있어 공간은 혼란 그 자체였다. 직원들은 불편한 의자에 앉아 온종일 모니터를 바라보며 새로운 콘텐츠와 영감을 떠올려야 했다. 마치 게임을 만드는 사육장 같았다.

결과적으로 게임은 성공했다. 하지만 젊은 사원들의 대부분이 불임 판정을 받거나 극심한 스트레스를 호소하는 후유증이 발생했다. 잘못된 공간에서의 무리한 생산이 한계를 드러낸 것이다.

요즘 IT 업계의 많은 회사가 개방형 오피스라는 새로운 개념의 사옥을 만드는 것도 그 한계에 대한 나름의 돌파구를 찾은 결과다. 개방형 오피스의 대명사인 페이스북. 페이스북의 사옥은 천장고 7미터에 1만 2천 평의 개방형 원룸처럼 만들어졌다. 대표의 개인 사무실조차 없다. 사원들은 막힘없는 사무실 안에서 킥보드를 타고 이동하기도 한다. 그들의 의견과 결정은 SNS처럼 빠르게 공유되고 전달된다.

애플 역시 개방형 오피스로 유명하다. 새롭게 완공된 애플 본사의 이름은 애플파크다. 고리 모양의 뻥 뚫린 사옥 안쪽으로 거대한 숲이 조성되어 있고, 외관은 세상에서 가장 긴 유리 패널로 둘러싸여 있다. 어느 곳에서든 하늘과 나무를 마음껏 볼 수 있는 개방된 연결성이 애플파크의 핵심이다.

국내에서는 배달의 민족 어플로 알려진 '우아한 형제들'의 사옥이 유명하다. 보안이 필요한 콘텐츠를 다루거나 차단된 환경을 필요로 하는 업무 공간을 제외한 사옥의 절반은 떠들고 쉴 수 있는 협업 공간으로 만들어졌다. 그곳에서는 업무 시간에도 푹신한 쿠션에 누워 올림픽공원을 내려다보며 깊은 생각에 잠길 수 있다.

이들이 개방형 오피스를 선호하는 이유는 천장이 높은 확장된 공간에서 창조적 사고가 활발해진다거나 녹지가 많을수록 학습력이 높아진다는 환경심리학의 이론들을 현장에서도 자주 경험하기 때문이다. 들판에 누워 높은 하늘을 보거나 먼 산을 보면 마음의 긴장이 풀리듯 개방된 공간이 주는 이완은 사고를 좀 더 유연하고 여유롭게 만들어준다. 그리고 이런 사고의 자유로움은 내면의 무의식과 접속하기 수월한 환경을 만들어준다.

면벽하며 수행하듯 글 쓰는
작가의 공간

———

두 번째로 방문한 크리에이터의 공간은 베스트셀러 작가 김수영 씨의 집이다. 그녀는 중학교를 중퇴하고 검정고시를 치러 실업 고등학교에 입학했다. 그리고 1999년에 KBS 〈도전! 골든벨〉에서 실업고 출신 최초로 골든벨을 울리고, 세계적인 투자 회사인 골드만삭스에 입사했다. 그러던 어느 날, 그녀는 자신이 암에 걸린 사실을 알게 되었다. 힘겨운 암 투병 이후, 그녀는 73개의 버킷리스트를 만들어 하나하나 이루어나간 여정을 《멈추지 마, 다시 꿈부터 써봐》라는 책에 담았다. 그 책은 많은 사람의 가슴에 뜨거운 불씨를 안겨주었다.

꿈을 찾아가는 자신의 여정을 수많은 책과 영상, 강연을 통해 국내는 물론, 전 세계에 알려 삶의 희망과 감동을 주는 멘토로 성장한 김수영 작가. 삶 자체가 콘텐트이자 창작물인 그녀의 공간은 과연 어떤 모습일까.

서울의 중심지에 있는 그녀의 아파트에 들어선 순간, 첫눈에 들어온 거실은 의외로 단순했다. 그녀는 80개국 이상을 여행했지만 집 안에는 그 어떤 여행의 흔적도 남아 있지 않았다. 방문한 나라의 특산품이나 인연을 맺었던 사람들과 주고받았을 이국적인 물건은 물론, 신혼임에도 결혼사진 한 장 보이지 않았다. TV가 있어야 할 곳에는 작은 소파가 놓여 있었고, 소파가 있어야 할 곳에는 큰 테이블과 라탄 의자 2개가 놓여 있을 뿐이었다. 눈에 띄는 것은 기분에 따라 달리 피운다는 향초가 전부였다.

그녀가 주로 집필하는 서재도 단출하긴 마찬가지였다. 그동안 출간한 책과 참고용 도서들이 놓인 작은 책장, 컴퓨터가 놓인 책상이 전부였다. 사는 집에 작업실을 만들어놓은 작가들은 대부분 집 어딘가에 영감의 원천이 될 만한 장치들을 마련해놓는다. 그런데 김수영 작가의 집에서는 특별한 것들이 눈에 띄지 않았다.

"작가님의 방을 보니 지금까지 어떤 곳에서 글이 잘 쓰였는지 궁금하네요."

"공주 마곡사와 김천 수도암에서 글을 썼을 때였어요. 멀리는 태국의 코팡안과 페루의 마추픽추가 떠오르네요. 뜨거운 태양 아래를 여행할 때, 길을 걷다가 우연히 보게 된 감동적인

●

김수영 작가는 면벽 수행하듯 글을 쓴다. 그의 서재는 단출한 편. 벽을 마주한
컴퓨터에서 작업을 하고 때로는 악기를 연주하며 영감을 얻는다.

풍경 속에서도 새로운 영감이 떠오르죠. 물론 지금 살고 있는 집의 작업 환경도 그리 나쁜 편은 아니에요."

그녀와 대화를 나누는데, 책상의 위치가 새삼 눈에 들어왔다. 이곳저곳에서 구한 여러 가지 자료와 기록들이 모여 작품으로 승화되는 작가의 책상은 창작의 단계에서 굉장히 중요한 역할을 한다. 대부분의 작가는 본능적으로 벽을 등지고 방을 전체적으로 볼 수 있는 위치나 창가 근처에 책상을 둔다. 책상에 앉아 볼 수 있는 사소한 것들에서도 창작의 단서를 찾아야 하는 크리에이터들에게 시시각각 변하는 창밖의 풍경이나 빛의 느낌, 소품 하나로 분위기가 바뀌는 방의 모습은 좋은 자극이 되기 때문이다.

하지만 드물게 그녀처럼 면벽하며 작업을 하는 작가들도 있다. 김수영 작가의 책상은 밖이 보이는 커다란 베란다 창을 뒤로 한 채 방의 가장 그늘진 벽에 붙어 있었다. 벽을 보고 그림을 그리는 화가나 벽을 향해 연주하는 음악가를 떠올리기 힘들 듯, 벽을 보며 영감을 떠올리는 작가도 찾아보기 힘들다.

'이런 식으로 집필실을 만들었던 작가가 있었나?'

《주홍글씨》를 쓴 나다니엘 호손*과 이문열** 작가가 떠올랐다. 호손은 강이 내려다보이는 전망 좋은 창가가 있는 곳에 서

* j.d. 매클라치, 《걸작의 공간》, 마음산책, 2011.
** 박래부, 《작가의 방》, 서해문집, 2006.

재를 마련했다. 하지만 책상은 창가와 떨어진, 시야가 막힌 벽 앞에 두었다. 이문열 작가는 일부러 채광이 덜한 서북향 방에 서재를 마련하고 풍경과 상관없이 벽을 향해 책상을 두었다. 그곳에서 그는 시험공부를 하듯 작품을 쓴다고 한다.

여백의 공간이
창조의 에너지를 만들어낸다

———

그들이 작품을 위해 영감을 받는 방식은 고행하는 순례자의 모습과 닮은 점이 있다. 종교적 공간에서 종교인들은 한결같이 벽을 향해 기도한다. 그 벽에는 십자가나 불상 같은 종교적 상징물들이 걸려 있다. 선(禪) 수행자들은 벽에 조그만 점 하나를 찍어놓고 그 점에 집중하거나 촛불을 보며 깊은 명상에 들기도 한다. 벽에 십자가가 걸리거나 점 하나가 찍히는 순간, 그 벽은 더 이상 단순한 벽이 아니다. 사람들은 그 신성한 상징들을 통해 자신의 깊은 내면으로 들어간다. 그리고 그곳에서 잠들어 있던 기쁨과 슬픔의 감정, 기억과 경험의 편린들을 만나게 된다.

고통과 상처를 깊게 받은 사람일수록 그 경험들은 서로 충돌하며 마그마 같은 뜨거운 에너지로 응축된다. 기도와 명상은 우리에게 이 에너지를 만날 수 있는 통로를 열어준다. 그리고 이는 무의식 속의 정보를 스스로 편집해내는 특별한 능력이 되어주기도 한다.

호손과 이문열 작가에게는 젊은 시절 '가족이라는 핏줄을 타고 온 원죄'를 감내하며 살아야 했다는 공통점이 있다. 호손의 고조부는 화형식이 이루어지던 마녀 재판의 재판관이었고, 이문열 작가의 부친은 월북한 빨치산이었다. 이런 가족력은 그들에게 언제나 보이지 않는 족쇄가 됐다. 그리고 그들 자신을 족쇄의 열쇠를 찾아 떠돌아 다녀야 하는 순례자로 만들었다. 호손의 《주홍글씨》나 이문열 작가의 초기 작품들은 그런 갈등의 에너지를 어떻게 창작의 에너지로 쓸 수 있는가를 보여주는 교본과도 같다.

김수영 작가에게도 자신을 순례자로 만들 수밖에 없는 유년 시절이 있었다. 어렸을 때 따돌림을 당하고 중학교를 중퇴하고 검정고시로 고등학교에 입학해 대학에 진학하기까지 온몸으로 받아들여야 했던 갈등과 방황의 시간들. 그때의 경험들이 아마도 평생 꺼내 쓸 수 있는 내면의 응축된 에너지가 되지 않았을까.

대중을 상대하는 정치가나 연예인, 강사들 중에는 유독 대중의 관심이 집중될수록 놀라운 에너지를 발산하는 사람들이 있다. 평소에는 말이 없고 내성적이지만 무대에 서는 순간 말문이 트이고 대본에도 없던 말로 관객을 열광시킨다. 이런 사람들은 관객의 시선을 자신의 무의식의 문을 여는 에너지로 활용할 줄 안다. 관객의 에너지를 이용해 자신의 잠재된 에너지를 폭발시키는 것이다.

수행자들도 이와 비슷한 기제를 갖고 있다. 다만 내 무의식의 문을 두드리는 시선이 관객이 아닌 나 자신이라는 차이가 있을 뿐이다. 내가 나에게 집중할수록 잠들어 있던 에너지가 활성화되는 것이다. 이럴 땐 주위를 분산시키는 물건들은 방해가 될 뿐이다. 아무것도 없는 공간 혹은 벽 위의 점이나 성물, 책상처럼 온전히 나에게 집중할 수 있는 단순한 장치만 있으면 된다.

이렇게 벽을 보며 작품을 완성하는 작가들은 심산유곡의 수행자처럼 나에게 집중하는 에너지를 통해 무의식의 문을 연다. 김수영 작가에게도 여행, 암자, 고요함, 명상이라는 단어가 만들어내는 공간이 자신의 무의식을 여는 통로 역할을 했을 것이다. 오롯이 나의 내면에 집중하게 만드는 한적한 암자 같은 공간, 단순한 여백의 공간 속에서도 창조의 에너지는 샘솟을 수 있는 것이다.

10

●

집의 크기와
운은 비례하지 않는다

막막함 속에서 살기 위해 발버둥쳤던
3평 고시원

누구에게나 살면서 힘들었던 시기가 있다. 나는 20대 후반 시절이 그랬다. 대학교를 졸업했지만 취업하는 것이 쉽지 않았고, 공부에 대한 미련도 버리지 못했다. 형편이 어려운 집에 더 이상 손을 벌릴 수도 없었다. 꿈이 뭔지, 어떻게 살아야 할지 그 어떤 판단도 내리기 힘들었던 그때, 나는 무작정 서울 외곽의 값싼 고시원을 찾아 생애 첫 독립을 했다. 3평 남짓한 공간에 있는 것이라곤 작은 침대와 책상 하나가 전부였다. 화장실도, 주방도 없었다. 창이 있긴 했지만 옆방에 사는 사람들과 나눠 쓰는 열리지 않는 창이었다. 옆방의 소리와 냄새가 창을 타고 고스란히 전해졌다. 그곳에 살면서 낮에는 아르바이트를 하고, 밤에는 책을 읽거나 글을 썼다. 만나는 사람도, 나를 찾는 사람도 점점 줄어들었다. 일을 하지 않는 날은 하루 종일 한

끼도 먹지 못하고, 한마디도 하지 않았던 적도 있다. 고시원에서 산 지 한 달 만에 15킬로그램이 빠지고, 얼굴에는 자주 병색이 돌았다.

이렇게 설명하면 무척 불행한 시간을 보냈을 것 같지만 꼭 그런 것만은 아니었다. 적어도 그 작은 방 안에 있을 때는 누구의 간섭도 받지 않고 내 마음대로 할 수 있었다. 방을 치우지 않아도, 발가벗고 있어도, 밤새도록 차를 마셔도 오로지 나 혼자일 수 있는 시간들이었다. 그곳은 스스로를 가두며 세상과 단절될 수도 있고, 반대로 자신을 풀어두며 자유로울 수도 있는 양면성이 공존하는 곳이었다.

운 좋게도 나는 이 양면성을 십분 활용하는 이웃을 만나 고시원 생활의 노하우를 전수받을 수 있었다. 그는 졸업 후 2년째 변리사 시험을 준비하고 있었다. 평범한 고시생이었던 그를 주목하게 된 것은 특이한 생활 패턴 때문이었다. 그는 늘 같은 시간에 일어났고, 같은 시간에 밥을 먹고, 같은 시간에 산책을 나가고, 공부를 하고 잠을 잤다. 손님이 찾아와도 정해진 시간이 되면 자신의 규칙대로 움직였다. 나중에 알게 됐지만 놀랍게도 그의 방에는 시계나 휴대폰이 없었다. 일부러 시계를 두지 않고 자신의 습관을 시계처럼 만든 것이다. 그는 결국 시험에 합격했고 지금은 특허 법률 사무소의 대표가 되었다. 그가 고시원을 떠나고 나도 그처럼 내 시간과 공간을 통제하려 노력했다. 그 노력의 산물들이 지금 쓰는 글들의 밑천이 되어 주고 있다.

지금도 나는 어려운 일이 생기면 고시원에서의 생활을 떠올린다. 과거를 회상하며 추억에 젖기 위해서가 아니다. 그곳에는 인생의 막막함 속에서 어떻게든 살아보려 했던 열망과 노력들이 고스란히 남아 있기 때문이다. 흔히 이야기하는 '초심으로 돌아가라'라는 말은 처음의 어설픔과 낯설음으로 돌아가라는 말이 아니다. 그때의 절박함 속에 쥐어짜냈던 강렬한 에너지를 다시 한 번 돌이켜 생각해보라는 뜻이다.

프로이트 심리학에서는 이를 '주둔군 이론'으로 설명한다. 전열을 정비하며 물자와 전력을 임시로 모아두는 곳이 주둔지다. 힘들고 어려운 전쟁일수록 주둔지에는 더 많은 자원과 주둔군이 잔류하게 된다. 사람의 마음에도 이런 주둔지가 있다. 죽도록 힘들지만 이겨내야만 하는 상황에서 사람들은 자신이 쓸 수 있는 극한의 에너지를 쏟아붓는다. 그 치열한 전투의 현장에 내 모든 능력치가 모여 있는 주둔지가 만들어지는 것이다. 감당하기 힘든 어려운 일이 생길 때마다 고난의 시절이 생각나는 것은 그곳에 나를 구원해준 경험과 기억이 남아 있기 때문이다. 그러고 보면 삶은 끝나지 않는 기나긴 전쟁의 여정인지도 모른다.

공간이 좁을수록
차가운 향기를 유지하라

─────

부모의 품에서 벗어나 사회에 첫발을 내딛는 많은 청춘이 과거의 나처럼 주둔지에 서 있다. 출판사에서 편집자로 일하고 있는 박인애 씨도 그중 한 명이다. 분가해 독립한 지 5년차. 이번에 찾아간 그녀의 집은 두 번째 이사한 집으로, 주택가에 위치한 깔끔하고 무난한 빌라였다. 4층의 붉은 벽돌 건물 안에는 작은 평수의 원룸들이 촘촘히 들어차 있었다. 전에 살던 집은 누우면 싱크대가 보여 너무 싫었다고 한다. 하지만 이번 집은 방과 주방이 나뉜 분리형 원룸이라 그럴 일은 없어 보였다. 8평 남짓한 실내는 단출했다. 침대, 옷장, 책상, 전신거울이 가구의 전부였다. 잘 정리된 100여 권의 책은 책장이 아닌 바닥에 놓여 있었다.

"가구가 주는 부피감이 싫어서 이것저것 사지 않았어요. 이사를 갈 때마다 짐을 옮기는 것도 부담스럽고요. 침대와 옷장도 전 주인이 쓰던 걸 물려받은 거예요."

결국 본인의 돈으로 산 가구는 책상밖에 없었다. 출판사 편집 일을 하는 본인에게는 꼭 필요한 가구였을 것이다. 2년 안팎의 짧은 계약을 하며 잦은 이동을 해야 하는 원룸족들에게 가구나 소품은 짐이 되기 쉽다. 그래서 당장 써야 하거나 정말 중요하다고 생각하는 것들로만 공간을 채우게 된다. 우선순위에 없는 것은 들여놓지 않으니 집이 작을수록 주거인의 취향이나 현재의 관심사가 쉽게 읽힌다. 그런 점에서 박인애 씨의 집은 조금 남다른 특징을 가지고 있었다. 그녀의 집에서 가장 인상 깊었던 것은 집의 구조나 인테리어 소품 같은 것들이 아닌 집 안으로 들어선 순간부터 느껴졌던 독특한 향과 서늘한 집 안의 온도였다.

공간이 좁을수록 향과 온도는 집에서 중요한 역할을 한다. 특히 좁은 공간일수록 온도를 낮춰 서늘함을 유지하는 것이 좋다. 춥지 않을 정도의 서늘함은 공간을 차분하고 안정감 있게 만들어준다. 반대로 온도가 올라갈수록 답답한 느낌을 준다. 그런데 차갑기만 한 공간은 적막해지기 쉬워 외롭고 쓸쓸한 느낌을 줄 수 있다. 이때 필요한 것이 따뜻하고 무거운 느낌이 드는 향이다. 따뜻한 향은 차가운 공기에 온기를 불어넣어주고 적막함을 덜어준다. 차가운 물로 우리는 녹차나 더치커

●

박 씨가 돈을 주고 산 것은 책상뿐이다. 1~2년 주기로 옮겨 다니는 '원룸족'에게
가구와 소품은 짐으로 전락하기 십상이다. 미니멀리즘이 원룸족의 화두인 이유다.

피가 본연의 향을 유지하듯, 서늘한 공간일수록 향이 날아가지 않고 오래 머물며 포근한 느낌을 준다. 그래서 그녀의 공간은 작지만 답답하지 않고 꾸밈이 없지만 아늑한 느낌이 들었다. 어떻게 이런 최적의 조율을 하게 된 건지 물어보니 그녀는 자신의 성격이 원래 그렇다고 말했다.

"평소에 맺고 끊음이 정확해 차갑다거나 성격이 칼 같다는 이야기를 많이 들어요. 애매한 건 참지 못해서 관계 정리를 확실하게 하는 편이죠."

사람 간의 관계를 맺는 방식도 공간을 다룰 때와 비슷한 양상을 보이게 마련이다. 그녀의 공간에 필요 없는 치장이나 장식이 없는 것도 같은 이유다. 그렇다고 그녀가 매몰차거나 인정 없는 사람이라는 뜻은 아니다. 집 안에 스민 향이 균형을 잡아주듯 관계의 균형을 잡아주는 따뜻함과 배려 역시 그녀와의 대화 속에서 느낄 수 있었다.

그런데 이런 이성적인 관계는 관계에서 오는 스트레스를 풀 곳이 마땅치 않은 경우가 많다. 누구를 붙잡고 하소연하거나 사적인 이야기를 쉽게 풀어내기도 어렵다. 이럴 때 여행을 가거나 특정한 장소에서 스트레스를 해소하면 좋겠지만 바쁜 일과 때문에 여의치 않을 때가 많다. 집 안에 공간적 여유가 있다면 내 아픔을 내려놓을 '정서적 공간'을 두면 좋겠지만 그녀의 집에는 그럴 만한 공간이 없었다. 그녀는 그 해답을 음악에서 찾는다고 했다.

"답답하고 우울할 때면 창문을 활짝 열어두고 음악을 들어요. 음악이 내 안의 답답한 공기를 환기시켜주는 것 같아요."

고요한 평화로움이 이전 시대의 휴식을 의미했다면 요즘 젊은 세대들은 반복되는 프레이즈의 단순한 음률에서 안정을 느끼는 경우가 많다. 너무 고요하면 지루하다고 생각한다. 그래서 그들은 음악이나 게임을 하면서도 충분히 집중하고 좋은 성적을 내며 자신만의 결과물을 만들어낸다.

작은 공간은 그곳에 사는 사람을 위축시킬 만한 충분한 위력을 가지고 있다. 움직일 수 있는 몸의 동선을 제약하고 그에 따른 마음의 움직임도 제한한다. 공간이 작아질수록 마음도 작아지기 쉽다. 특히 공간을 자신과 동일시하는 사람일수록 그런 경향이 강해진다. 필요 이상의 큰 집을 선호하는 사람일수록, 집에 투자한 돈이 많을수록 사람들은 집과 나를 일체화시킨다. 좋은 가구를 두고 내 취향의 인테리어가 되어 있지 않으면 내가 부정당하는 느낌을 받는다. 집의 크기가 곧 권력의 크기라고 생각하기도 한다. 이런 스타일의 사람이 작은 공간에 살게 되면 문제가 생긴다. 나와 동일시되는 작은 공간은 한없이 자신을 부정하고 무력화시키는 공간이 된다. 스스로를 어둡고 질퍽하게 만들며 구덩이 속에 빠진 듯 스스로를 세상과 단절시키며 괴로워한다.

다행히 박인애 씨는 자신의 공간과 충분한 거리를 두고 있었다. 공간이 곧 자신이라고 생각하는 대신 자신이 공간을 돌봐주는 역할을 해야 한다고 생각했다. 집을 자기와 함께하는 반려 대상이나 손이 많이 가는 친구 정도로 여기는 것이다. 내가 사는 공간에 거리를 두면 그 주위에 더 관심을 두며 즐기게 된다. 그녀가 이곳을 선택한 이유도 집 자체의 장점보다는 동네가 마음에 들었기 때문이다. 우선 시장이 가깝고 망리단길이 조성되어 볼거리가 많았다. 회사로 가는 셔틀버스 정류장도 가까웠다. 근처에 보틀숍이 있어 마음에 드는 맥주를 쇼핑할 수 있다는 것도 선택의 중요한 요소가 됐다.

그녀는 앞으로 경제적 여유가 생겨도 투룸 이상의 공간은 필요 없다고 했다. 그녀가 집중해서 넓히고 싶은 공간은 내면의 공간이었다. 경험치를 높이고 원하는 사람들과의 관계에 집중하고 커리어를 쌓는 일에 투자하고 싶은 것이다.

박인애 씨의 8평짜리 공간이 주둔지가 될 수 있는 것은 그녀가 그 공간에 기대거나 안주하려 하지 않았기 때문이다. 그녀는 이곳을 발판으로 자신의 커리어와 삶의 스타일을 완성해나갈 것이다. 확신할 수 있는 건 지금의 공간 안에 채워둔 삶의 철학들이 먼 미래에 나를 지원해줄 든든한 주둔군이 되어줄 것이라는 점이다. 자신의 공간에 더하거나 뺄 것이 없냐는 그녀의 질문에 나는 이렇게 대답했다.

"더 이상 손 댈 곳 없이 완벽한 공간이에요. 아무도 도와주는 사람 없는 막막함 속에서 그 외로웠을 순간들을 너무나 잘 견디고 있잖아요. 지금 인애 씨에게는 이곳이 최고의 명당이에요."

6평 원룸에도
관상이 있다

———

두 번째로 찾은 1인 가구는 북한산이 멀지 않은 은평구의 작은 원룸이었다. 비슷한 모양의 빌라들 사이에 한눈에 보아도 예사롭지 않은 흰색 건물이 서 있었다. 뭔가 독특한 예술적 감각이 느껴지는 건물의 3층으로 올라가 초인종을 눌렀다. 따뜻한 미소로 나를 맞이한 이는 일러스트레이터 김령언 씨였다.

환대를 받으며 들어섰지만 순간 '잘못 찾아온 게 아닐까' 하는 생각에 잠시 머뭇거렸다. 분명 주거와 작업실을 겸한 6평짜리 원룸이라고 들었는데 언뜻 봐도 10평이 넘는 크기 때문이었다. 제법 키가 큰 여러 개의 화분과 긴 책상, 책장, 작은 소파, 테이블, 싱크대 등 다양한 집기가 가득 채워져 있는데도 공간은 여유로워 보였다. 그리고 먹고 자는 '생활의 흔적'이 거의 없었다. 얼핏 보면 그의 공간은 완벽한 '1인 작업실'이었다. 긴

●

일정한 리듬이 있는 집은 쓰임이 다른 물건들이 모여도 조화가 이루어진다. 김 씨는
이런 조화를 '공간의 관상'이라고 표현했다.

책상 위에 놓인 컴퓨터와 그림 도구들, 벽에 멋스럽게 걸려 있는 그녀의 작품들이 한눈에 시선을 사로잡았다. 공간 자체도 너무나 깔끔했다. 작은 소파가 밤에는 침대로 변신하고, 장식장처럼 보였던 유리 캐비닛이 그녀의 옷장이었다. 안이 보이는 투명한 가구를 놔야 덜 좁아 보일 것 같아 학교 과학실에 납품하는 가구를 구한 것이다. 흰 벽에 빛이 잘 들어오는 커다란 반투명 창문도 집이 넓어 보이게 하는 역할을 하고 있었다. 집 안 곳곳에는 그녀가 취미로 만든다는 펠트공예 작품들도 아기자기하게 전시되어 있었다. 살아가는 데 꼭 필요한 생활은 물론, 일과 취미가 모두 담겨 있었기에 공간이 실제보다 더욱 크게 보였던 것이다. 그런데 이런 꽉 찬 공간이 전혀 과해 보이지 않고 오히려 넓어 보이는 비결은 과연 무엇일까.

그것은 공간의 '첫 단추'부터 제대로 끼웠기 때문이다. 40대 초반의 그녀가 이 공간을 갖게 된 것은 고작 1년도 채 되지 않았다. 그 전까지는 계속 부모님과 한 집에서 살았다. 지난 10여 년간 작가로서 한창 커리어를 쌓고 창작을 해오면서 누구에게나 그렇듯 그녀에게도 슬럼프가 찾아왔다. 한동안 깊은 우울감과 무기력에 빠져 힘든 시간을 보냈지만 우연히 좋은 상담가를 만나 다시 용기를 낼 수 있었다. 자신의 내면과 소통하고 대화하는 법을 배우면서 그녀는 스스로를 가두었던 작은 상자에서 마침내 벗어날 수 있었다고 했다.

"저 스스로 밝아지고 에너지가 커졌다는 게 느껴지니까 자연스럽게 나만의 공간을 갖고 싶다는 생각이 들었어요. 부모님과 함께 살았던 집은 숟가락 하나까지 모두 엄마의 취향이 담겨 있는 엄마의 공간이잖아요. 그래서 완전히 저만을 위한, 제 취향이 제대로 담긴 공간을 갖고 싶다는 생각이 들었고, 구체적으로 그런 집을 머릿속으로 상상하기 시작했어요."

그녀는 하얀색에 창이 커서 답답하지 않고 햇볕이 잘 들어오는 집 그리고 일러스트레이터로서 자신의 작품을 온전히 보여줄 수 있는 공간을 머릿속으로 그려냈다. 그리고 집을 보러 다닌 지 얼마 되지 않아 운명처럼 이 집을 만났다고 했다. 머릿속으로 상상하고 꿈꾸던 집과 거의 비슷했던 것이다.

"신기한 건 이 집을 구한 지 얼마 되지 않아 저한테 큰 일이 들어온 거예요. 보통 일러스트레이터는 프리랜서라서 고정된 일이 없는데, 1년간 연재를 하게 되어 안정적인 수입이 생겼어요. 집터가 좋아서일 수도 있지만 제 에너지가 바뀌면서 생긴 변화라고 생각해요. 저는 '유인력'을 믿는 편이거든요."

사람은 누구나 자신만의 에너지와 파장을 발산한다. 그 에너지는 크고 작은 회오리바람을 일으키며 때때로 자신도 모르게 나와 공명하는 무언가를 끌어온다. 특히 그녀처럼 끌어오는 힘, 유인력을 믿는 사람들은 그 대상을 구체적으로 머릿속으로 그리며 끌어올 대상을 먼저 설정한다. 그녀는 마치 아는 사람을 떠올리듯이 자신의 공간과 일을 그려냈고, 실제로 그것은 하나씩 눈앞의 현실이 되었다.

누구나 살다보면 상승세의 회오리바람을 일으킬 때가 있다. 내 안의 에너지가 커지고 내 바람이 커질 때는 그녀처럼 자신을 믿고 구체적으로 나를 성장시킬 수 있는 공간을 상상해볼 필요가 있다. 인터넷 검색에만 그치지 말고 발품을 팔아 만지고 냄새를 맡으며 온몸의 감각을 동원해 원하는 공간을 섬세하게 그려내야 한다. 그러면 마음이 어딘가에 있을 실제와 공명하며 그곳을 향해 나를 움직이게 한다.

그렇게 운명처럼 만난 집이었기 때문에 김령언 씨는 공간에 자신의 색깔과 취향을 정성스럽게 담아냈다. 가구는 물론이고 조명, 숟가락, 쟁반 하나까지 신중하게 고르고 배치했다. 모든 물건에 자신의 감각과 철학을 담은 것이다. 이런 일관된 질서가 있을 때 쓰임이 다른 물건들이 모여도 조화가 이루어질 수 있다. 그녀는 이런 조화를 '공간의 관상'이라고 표현했다.

"저는 낯선 가게에 들어가기 전에 그 가게의 관상을 봐요. 사람의 첫인상이 있듯 공간에도 그런 게 있다고 생각하거든요. 인상이 좋지 않은 곳은 들어가지 않아요."

이렇게 여러 가지 물건의 조화를 하나의 이미지로 표현한다는 것은 사실 엄청난 내공이 필요한 일이다. 그녀는 10여 년간 그림이라는 도구로 자신만의 패턴을 만든 사람이다. 그 인고의 시간을 통해 서로 다른 물건들을 마치 하나의 캐릭터로 만들 듯 자신의 감각과 철학을 일관성 있게 투영시킬 수 있게 된 것이다.

많은 사람이 자신만의 취향과 감각을 중요한 가치로 생각한다. 그런데 정작 소비는 그때의 유행이나 분위기에 맞춰 즉흥적으로 하는 경우가 많다. 그런 것들로 채워진 공간은 물건이 많지 않아도 뭔가 조화롭지 않고 복잡한 느낌이 든다. 한마디로 흉상의 공간이 되는 것이다. 이럴 때는 적어도 나의 작은 방 하나만큼은 공간의 철학이 지배하는 취향의 공간으로 만들어보는 것이 어떨까. 균일한 질서가 있는 공간은 물건이 많고 적음에 상관없이 심플해지는 것을 경험할 수 있을 것이다. 어느 곳을 보아도 마음이 안정되고 단순해지는 공간. 그런 공간에서 우리는 정서적인 안정과 자유를 느낄 수 있다.

보이는 것이 간단해질수록
보이지 않는 것은 복잡해진다

박인애 씨의 공간과 김령언 씨의 공간은 서로 대척점에 있는 것처럼 보인다. 한쪽은 거리를 두어야 하고, 한쪽은 거리를 없애야 가능한 공간이기 때문이다. 하지만 이런 극단의 공간에도 공통점이 있다. 바로 '미니멀리즘'이다. 요즘 공간의 화두는 단연 '미니멀리즘'이다. 대다수의 인테리어 책이 '미니멀리즘', '심플하게 살기' 같은 식의 내용으로 채워져 있다. 지금 당장 필요한 최소한의 가구와 물건만 두고 공간을 단순하게 만드는 공간 트렌드가 의미하는 것은 무엇일까.

공간을 꾸미는 취향은 사람마다 제각각일 수밖에 없다. 비어 있는 공간을 좋아하는 사람만큼이나 아기자기하게 채워진 공간을 좋아하는 사람도 많다. 미니멀한 공간에서 오히려 허전함과 불편함을 느끼는 사람도 많은 것이다. 그럼에도 불구하고 몇 년째 지속되고 있는 미니멀리즘의 열풍 이면에는 복잡한 삶에 지친 우리의 모습이 담겨 있다. 뒤엉킨 수많은 일과 인간관계로 이미 너무나 많은 에너지를 쓰고 있기에 적어도 '내 공간'에서만큼은 에너지 손실을 줄이고 싶어 하는 것이다. 때문에 사람들은 여유가 있어도 예전처럼 큰 공간을 원하지 않고 손이 많이 가는 무언가를 두는 것도 부담스러워 한다. 공간이 비워지면 내 복잡한 마음도 한결 단순해질 것 같은 기분이 들기도 한다.

그런데 정말 그럴까. 공간에 최소한의 가구와 물건만 두고, 비워내고 단순하게 바꾼다고 해서 마음도 같이 변할 수 있을까. 종종 TV에서 연예인들의 미니멀 라이프를 보여줄 때마다 사실 나는 공감하지 못할 때가 많다. 널찍한 곳에 소파만 덩그러니 있는 유명 배우의 거실은 심플하다기보다 불편하고 차가워 보였다. 그 넓은 공간에 편하게 쉴 만한 곳도, 가족들과 따뜻한 대화를 나눌 곳도 보이지 않았기 때문이다. 사람이 아닌 명품 소파가 주인 행세를 하고 있었다.

보이는 것이 간단해질수록 보이지 않는 것은 더 복잡해질 수밖에 없다. 기술이 발달하고 복잡해질수록 그런 경향은 더 뚜렷해진다. 휴대폰이나 노트북이 최첨단 기능을 탑재할수록 겉모습은 오히려 심플해지는 것을 생각하면 이해하기 쉬울 것이다. 우리가 살아가는 집도 마찬가지다. 냉장고, 식기세척기가 일체형으로 들어간 주방은 군더더기 없이 매끈하고, 복잡하게 설치했던 에어컨도 요즘엔 분양할 때부터 천장에 매립되어 있다. 갈수록 공간의 모습은 깔끔해지지만 사실 그 안에는 정교하고 혼잡한 시스템이 쉴 새 없이 돌아가고 있다.

이런 사회 전반의 미니멀리즘은 우리의 일상에도 스며들고 있다. 다양한 것을 배우며 지적 능력은 높아졌지만 이제는 무엇이든 한두 줄로 표현하는 시대다. SNS라는 플랫폼이 생기면서 수많은 친구와 팔로어가 생겼지만 정작 얼굴을 맞대고 만나는 사람은 소수에 불과하다. 모두가 쿨한 관계를 지향하지만 그 이면에는 어둡고 복잡한 마음의 회로들이 서로 엉켜 있는지도 모른다. 관계에 쏟는 에너지가 작아질수록 내 삶이 효율적일 것이라고 생각하지만 정작 그런 관계를 유지하기 위해 내면이 비효율적으로 요동치는 경우가 얼마나 많은가.

세상은 '작용 반작용의 법칙'으로 돌아간다. 무언가 강하게 움직이는 것이 있으면 반드시 그 반대, 이면의 것도 같이 움직이게 되어 있다. 평생 집 안에 많은 물건을 쌓아두고, 장식하는 것에 재미를 느꼈던 사람이 갑자기 미니멀리스트가 되었다면 그 보이지 않는 에너지를 지금은 어디에 투사하고 있는지 한 번쯤 생각해봐야 한다. 보이는 물건을 줄이고 있다면 그것을 메꾸기 위해 다른 것을 쌓아두고 있을 가능성이 크다. 미니멀한 공간이 자유를 주는 것이 아니라 그 반대가 될 수도 있다

●

르 코르뷔지에는 '카바농'이라는 4평짜리 오두막에서 말년을 보냈다. 프랑스 남동부
지중해 해안을 바라보는 위치에 지어진 카바농의 모습

는 것이다. 따라서 중요한 것은 밸런스를 잡는 것이다. 공간을 단순하게 바꾸고 싶다고 해서 당장 불필요한 것을 다 버릴 것이 아니라 몸을 부지런히 움직이게 하는 무언가를 같이 두는 것이 좋다. 김령언 씨는 창가의 식물들을 가꾸고 공예품을 관리하는 수고로운 과정을 통해, 박인애 씨는 바닥에 놓인 100여 권의 책을 정리하고 때때로 위치를 바꿔주는 일을 통해 균형을 잡았다. 그래서 그들의 공간은 미니멀하지만 동시에 따뜻한 온기를 품고 있을 수 있었다. 잘 잡힌 균형 속에서 사람 중심의 미니멀리즘을 조용히 구현한 것이다.

현대건축의 아버지라 불리는 르 코르뷔지에는 '카바농'이라는 4평짜리 오두막에서 말년을 보냈다. 미니멀리즘의 진수를 보여주는 카바농은 그 어떤 공간보다도 실용적이고 합리적으로 만들어졌다. 바다를 향해 창을 놓아 차경이 주는 여유로움도 잊지 않았다. 평생을 건축에 몸담았던 거장의 마지막 선택은 어떤 공간이 진정 우리를 행복하게 해줄 수 있는가를 말해주고 있는 듯하다. 크거나 비싼 곳만이 우리를 만족시키는 것은 아니라는 것이다. 집은 '살기 위한 기계'라는 그의 말처럼 결국 가장 중요한 것은 스페이스로지, 즉 '내가 그 공간을 다루는 기술'이다.

11

•

막혀 있던
숨통이 트인다

인뢰가 작아지고
자연의 천뢰가 들리는 곳

A 씨는 일복이 타고난 사람이다. 직장에서 늘 남들보다 두세 배의 일을 한다. 모든 일은 성공과 실패라는 결과를 내게 되어 있어 일하는 만큼 당연히 스트레스 지수도 올라간다. 그러나 워낙 그런 생활을 오래해 그러려니 하고 살아간다. 누구나 이 정도는 하고 살지 않느냐고 자신을 위로하며 말이다.

그런 그녀가 지난겨울, 오랜만에 휴가를 냈다. 차로 몇 시간을 달려 도착한 곳은 전라남도 담양. 그녀는 오래전부터 푸른 대나무밭이 꼭 보고 싶다고 했다. 며칠 후, 그녀의 SNS에 담양 죽녹원의 사진과 글 하나가 올라왔다.

'바람이 불면 대나무들이 부딪쳐 신비한 소리를 낸다. 바람 소리가 마음을 씻어줄 수 있다는 것을 처음 배웠다.'

하얀 눈밭에 선명하게 서 있는 짙푸른 대나무 사이에서 A

씨를 사로잡은 것은 바로 '소리'였다.

"바람이 불면 '쏴아' 하는 소리와 함께 잎이 떨리는 소리가 나고 뒤이어 대나무들이 서로 '통통' 부딪치는 소리가 나요. 눈을 감고 그 소리를 듣는데 가슴속까지 시원해지고 숨통이 트이더라고요. 지금도 가끔 지치면 눈을 감고 그 소리를 떠올려요."

"그렇죠. 사람의 소리는 자꾸 분석하게 되고 복잡해질 때가 많은데 자연이 내는 소리는 뜻도, 의미도 없지만 그저 듣는 것만으로 숨통이 트일 때가 있어요."

그녀와 대화를 하고 있자니 문득《장자》의 한 구절이 떠올랐다. 세상을 잊은 듯 마른나무처럼 앉아 있던 '남곽자기'에게 '안성자유'가 그 이유를 묻자 이렇게 말한다.

'너는 인뢰(人籟, 사람의 퉁소 소리)는 들었어도 아직 지뢰(地籟, 대지의 퉁소 소리)는 들어본 적이 없을 것이다. 또 대지의 퉁소 소리는 들었어도 아직 천뢰(天籟, 하늘의 퉁소 소리)는 들어본 적이 없을 것이다.'

여기서 인뢰와 지뢰는 사람과 자연이 내는 소리, 즉 인위적이고 의존적이며 듣는 사람에 따라 달라지는 유위(有爲)의 소리를 말한다. 반면 천뢰는 바람이 불기 전부터 존재하고 있던 무위(無爲)의 소리를 말한다.《장자》는 천뢰를 듣는다는 설정을 통해 우리가 자유로워지기 위해 진정 들어야 하는 소리는 분

별의 소리가 아닌, 원래부터 존재했던 천뢰라고 말한다.

그런데 이를 공간적으로 해석하면 A 씨가 들었던 대나무 소리를 새롭게 풀이해볼 수 있다. A 씨가 귀로 들었던 것은 대나무가 바람을 만나 내는 소리, 즉 지뢰였다. 하지만 A 씨가 그곳에서 댓잎이 흔들리는 소리 이상의 감동을 느낀 것은 그곳이 담양이라는 특정한 공간이었기 때문이다. 비슷한 소리를 내지만 도시 건물 한 켠에 심어진 대나무에서는 이런 치유의 감정이 느껴지지 않는다. 이는 각각의 공간마다 원래부터 있어 왔던 땅의 DNA가 다르고 그 위에 축적되어진 '땅의 역사'가 다르기 때문이다. 사람이 내는 소리 혹은 풀잎 소리는 쉽게 변하고 사라진다. 하지만 공간 깊숙이 저장되어 있는 무음의 소리는 오랜 시간 변하지 않고 그곳을 찾는 사람들에게 비슷한 느낌과 정서를 갖게 해준다. 바로 그 소리가 공간이 들려주는 천뢰다.

신화에서 절대자의 숨결이 불어넣어질 때 새로운 생명이 탄생하듯, 천뢰를 품은 대지의 숨결이야말로 우리의 막혀 있던 숨통이 트이게 해주고 생명을 복원시킨다. A 씨가 느낀 시원한 치유의 느낌 속에는 이 같은 천뢰의 울림이 있었을 것이다. 그리고 그 소리는 끊임없이 복잡한 일과 회사의 소리, 그녀를 힘들게 하던 인뢰를 덮어버렸다. 숨통이 트이는 공간은 단순한 휴식의 공간이 아니다. 저절로 내 소리의 볼륨이 낮춰지고 커다란 공간의 숨결이 들어오는 곳이다. 그 소리에 공명했을 때 우리는 깊고 후련한 숨을 내쉴 수 있다. 이를 위해 우리가 본능적으로 가장 많이 찾는 곳이 바로 '산'이다.

올라갈 때는 힘들지만 일단 정상에 오르면 탁 트인 발밑의 풍경을 보며 저절로 한숨 돌리게 된다. 하늘의 일부가 된 느낌이 들면서 산 아래를 굽어본다. 그저 그것만으로도 우리는 뭔가 위로받는 기분을 느낀다. 나를 한없이 위축시키는 현실의 고통 속에서 쉴 수 있는 방법은 위를 보며 경쟁하려는 마음을 잠시 접어두고 아래를 보는 것이다. 먼발치에 있는 아래를 보고 있노라면 마음의 시선도 달라진다. 장대한 산 위에서 길게 이어진 산등성이와 멀리 사람 사는 마을을 보면 나의 고민도 한없이 작아진다.

'드넓은 우주, 대자연의 한 점에 불과한 내가 스스로를 너무 괴롭히고 살았구나. 이래도 저래도 어차피 한 번뿐인 인생, 이렇게 아웅다웅 힘들게 살 필요가 있을까?'

'나 역시 자연의 일부'라는 깨달음은 스스로에게 안도감과 안정을 주고, 자연의 웅장함은 삶을 보는 스케일을 키워준다. 내가 작아질수록 마음은 온갖 것을 다 포용할 만큼 커지는 것이다. 산꼭대기로 올라갈수록 우리는 철학자가 되어 삶에 대한 근원적인 질문들을 던지게 된다.

그런데 똑같은 높이라 해도 인공의 건물 위에서는 그런 생각이 들지 않는다. 63빌딩 같은 고층 건물의 전망대에서 위로를 받는 사람은 드물다. 그곳은 데이트나 나들이 같은 이벤트와 관광의 공간일 뿐이다. 오히려 높은 건물에 올라갈수록 불안감을 느끼는 사람도 많다. 호연지기를 키우기는커녕 위축되어 있는 나를 발견하게 되는 것이다. 화려한 고층 건물에서 누군가는 자신의 옷차림을 살피게 되고 그 공간의 누군가와 비교하는 마음이 들기도 한다. 똑같이 높은 곳에 올라도 아래가 아닌 위를 보게 되는 것이다. 이 차이는 과연 어디에서 오는 것일까?

나는 그것이 바로 공간과 공명하는 인간의 마음에서 온다고 생각한다. 더 높이 오르기 위해 만들어진 건물과 공명할 때 우리의 마음은 불안과 두려움, 단절감을 느낀다. 공간의 DNA를 본능적으로 느끼는 것이다. 반면 똑같은 높이라도 산 정상에서는 많은 사람이 숨통이 트이는 시원함, 장쾌함, 안정감을 느낀다. 대자연의 에너지가 응축된 산이라는 공간이 갖고 있는 천뢰에 마음이 저절로 공명하는 것이다.

땅에서 뿜어내는 강렬한 볼텍스 에너지, 마니산

천뢰가 분명히 느껴지는 산이 있다. 몸과 마음이 힘들 때마다 내가 자주 찾는 곳. 바로 강화도 마니산이다. 마니산 정상에는 단군이 쌓았다고 전해지는 참성단이 있다. 이곳에서 우리 조상들은 수천 년간 천제를 지냈고, 지금도 개천절마다 제를 지낸다. 그런데 왜 마니산인지 궁금하지 않은가. 설악산, 한라산, 지리산 등 쟁쟁한 산들을 제치고 왜 해발 469미터의 외진 곳에 있는 이곳에서 국가적인 제사를 지냈을까? 이 의문은 마니산에 직접 가보고 나서야 풀렸다.

처음 마니산에 갔을 때 산의 초입에서 느껴지던 강렬한 에너지를 지금도 잊을 수가 없다. 마치 자석이 이끄는 듯한 그 힘에 의해 단숨에 정상까지 올라갈 수밖에 없었다. 물론 이런 힘이 마니산에서만 느껴지는 것은 아니다. 남해 보리암, 전북 마이산 같은 곳에서도 그곳만의 강렬한 힘이 느껴진다. 하지만 마니산은 다른 점이 있었다. 강한 끌림이 산의 정상에서 끝나는 것이 아니라 하늘을 향해 내달리고 있었다. 동양 철학에서 '본다'라는 것은 망막에 닿는 빛이 시각 세포에 의해 흡수되는 것을 말하는 것이 아니다. 내 눈에서 나온 기운이 내가 보고자 하는 곳에 닿는 것을 말한다. 그래서 보는 것만으로도 만지듯이 상대방을 감지하고 해석할 수 있게 된다. 특히 마니산처럼 상승하는 기운이 있는 곳에서는 그 기운에 편승해 사람의 시야도 함께 확장된다. 이런 곳에서 하늘을 보면 평소 내가 볼 수 있는 시력의 한계를 넘어 더 많은 것을 느끼게 된다. 아마도 이곳에서 조상들은 더 먼 하늘의 별들을 느끼며 기도했을 것이다. 천제를 지낸 것도 이곳이 땅의 도움을 받아 하늘과 가장 가까워 질 수 있는 곳이었기 때문이 아닐까.

마니산이 어떤 이유로 그런 특별한 에너지를 갖게 되었는지는 알 수 없다. 혹자는 이를 볼텍스(vortex) 에너지로 설명하기도 한다. 볼텍스란 지구에서 나오는 특정한 주파수의 전자기 에너지를 말한다. 인더스 강의 발원지인 티베트의 카일라스 산, 호주의 거대한 사암(砂巖)인 울룰루, 미국의 세도나 등 전 세계 21곳이 볼텍스 지역으로 알려져 있다. 이 장소들은 지역의 원주민들에게 성지(聖地)로 여겨졌던 곳으로, 지금도 치유와 명상의 에너지를 받고자 많은 사람이 찾고 있다.

●

마니산에 오르면 깊은 곳에서 뿜어져 나오는 특유의 에너지를 느낄 수 있다. 단군이
이곳에 참성단을 쌓고 제를 올린 것도 그래서가 아닐까.

볼텍스 지역에서는 공통적으로 일치하는 점이 있다. 에너지가 소용돌이 모양으로 뻗어나온다는 것이다. 이는 몸이 특별히 예민한 사람이 아니라도 느낄 수 있다. 우리는 태어날 때부터 이미 볼텍스 에너지의 영향을 받고 있기 때문이다. 이중나선 모양을 한 DNA, 탯줄의 꼬임, 머리의 가마, 손발의 지문은 모두 소용돌이 모양을 한 볼텍스 에너지의 흔적이다. 몸에 이런 문양이 새겨져 있는 것은 지구가 은하계를 공전하고 있는 태양을 쫓아 볼텍스 모양으로 회전하고 있기 때문이다. 지구의 움직임 자체가 하나의 거대한 볼텍스 에너지를 만들고 있는 것이다. 우리의 몸은 그 에너지의 흐름을 몸에 새기며 진화해왔다.

그렇기에 땅이 뿜어내는 강렬한 볼텍스 에너지를 느끼는 것은 의외로 어려운 일이 아니다. 참성단 앞에 서서 몸에 힘을 빼고 두 손을 모은 채 조용히 땅을 느끼면 된다. 그러면 몸에 각인된 볼텍스 문양들이 반응하기 시작한다. 지치고 불안정한 내 몸의 파장이 지구의 파장과 공명하며 고요하지만 강렬한 자연의 생명력이 온몸에 가득 퍼진다. 아무것도 하지 않아도 대자연의 '급속 충전'이라는 생각지도 못한 선물을 받게 되는 것이다.

신륵사의 돌탑과 강월헌,
공간의 소리를 조율하다

─────

마니산이 하늘로 솟구치는 천뢰의 소리를 들려주는 곳이라면 여주의 신륵사는 또 다른 리듬의 천뢰를 들려주는 곳이다. 신륵사는 마니산처럼 강렬한 비트가 아닌 깊은 명상에 든 것처럼 편안한 호흡으로 막혔던 숨통이 트이게 해준다. 처음 이곳에 와본 사람들은 가장 먼저 사찰이 품고 있는 특유의 고요함에 감탄한다. 적막함이나 지루함이 아닌 몸과 마음을 내려놓게 하는 기분 좋은 고요함. 하지만 역사 속 신륵사는 이렇게 조용한 곳이 아니었다. 남한강을 타고 지방에서 서울로 들어가는 세곡과 물자들이 모여들며 밤낮으로 요란하고 부산한 곳이었다. 특히 신륵사 일주문 앞의 조포 나루터는 한강 4대 나루터에 들 정도로 규모가 컸고, 그 주위는 언제나 사람들로 인산인해를 이뤘다. 이런 변화는 불과 100년도 되지 않아 일어난

일이다. 신륵사가 들려주는 지루하지 않은 정적은 오랜 시간에 걸쳐 그곳에 쌓인 '활력'들이 공간의 심층에 남아 지금까지 그 에너지를 발산하기 때문일 것이다.

강과 계곡이 평야나 산을 만나는 접점은 풍요롭고 비옥하다. 음과 양이 만나 조화를 이루면 생명을 잉태하게 되는 것과 같은 이치다. 물론 모든 물가가 그런 것은 아니다. 산이 너무 높거나 물이 크면 사람이 살기 힘들다. 자연의 웅장함이 사람을 누르기 때문이다. 그런 곳은 사람이 오래 머무를 수 없는 관광과 모험의 공간이 될 뿐이다. 남한강이 흐르는 여주는 강과 평야가 적당히 어우러진 최적의 입지 중 한 곳이다. 그런데 여주에서도 왜 하필 이곳에 절을 세운 것일까? 신륵사는 신라시대 원효대사에 의해 터가 마련된 절이다. 이때만 해도 공간의 여러 이론이 하나로 정립되기 전이니 원효대사는 자연을 해석하는 자신만의 감각으로 터를 골랐을 것이다. 동네 언덕처럼 아담한 봉미산을 뒤로한 단단한 화강암 지반과 그 앞으로 유유히 흐르는 남한강을 둔 입지. 그 당시에 절을 세운다는 것은 포교보다도 국태민안(國泰民安)의 상징성을 가지고 있었다. 그래서 무엇보다 절터는 국가적인 기원을 담을 수 있어야 했다. 그리고 그런 중차대한 법력을 거국적으로 퍼트릴 수 있는 큰 울림의 공간이어야 했다.

멀리서 신륵사를 보면 강과 만나는 곳이 마치 작은 그릇처

●

원효대사가 직접 터를 잡았다고 전해지는 신륵사. 이곳에 서면 막혔던 숨통이 탁
트이는 듯한 기분이 든다. 이곳이 간직한 '동적인 정적'에 쌓여 있는 에너지 덕분이다.

럼 움푹 파인 모양을 하고 있다. 이런 모양은 티베트 불교에서 사용하는 울림주발(周鉢)을 닮아 있다. 울림주발은 놋쇠로 만든 그릇 모양의 수행 도구를 말한다. 주발의 주둥이를 막대로 문지르거나 때리면 청아하고 오묘한 소리가 난다. 그 소리는 '차크라(chakra)'라고 부르는 인간의 에너지 센터와 공명하며 몸의 막힌 곳을 뚫어주는 역할을 한다. 스님들은 주발을 울리며 기도를 하고 몸을 깨운다. 서구에서는 울림주발의 주파수를 따와 실제 소리를 이용한 심리 치료에 사용하기도 한다.

그 모양 때문인지 신륵사에 있으면 실제 울림주발 소리를 들었을 때의 진동이 느껴지는 듯하다. 쉼 없이 밀려드는 강물은 주발을 문지르는 막대가 되고, 화강암 터는 놋쇠주발이 되는 것이다. 서로 다른 기운이 만나는 곳에서는 언제나 미묘한 떨림의 파장이 일어난다. 특히 신륵사처럼 단단한 화강암 지형 위에 터가 만들어진 곳은 부딪치는 단면이 놋쇠처럼 단단해 더 강하고 청명한 울림을 갖는다. 물을 만나면 지기(地氣)가 멈춘다고 하지만 이는 지기의 소멸을 의미하는 것이 아니다. 신륵사가 보여주듯 서로 다른 기운이 만나 더 강한 울림을 갖게 됨을 의미한다.

또 하나 특이한 것은 강과 마주하는 절벽 위에 뜬금없이 삼층석탑이 세워져 있다는 점이다. 석탑 바로 뒤에도 벽돌로 만든 다층전탑이 세워져 있고, 그 옆에는 강월헌이라는 정자도 있다. 대부분의 탑이 경내의 중심부나 안정된 곳에 있는데 반해 신륵사의 이 두 탑은 그렇지 않다. 이는 절을 향해 치고 들어오는 강의 흐름을 누르기 위함이라는 설도 있고, 강을 오가는 선박의 이정표 역할을 하기 위함이라는 설도 있다. 모두 그럴 수 있겠지만 내가 보기에 이 두 탑은 건반이나 현을 누르고 있는 손가락처럼 신륵사만의 소리를 만들고 있는 조율사(tuner) 역할을 하고 있는 것 같다. 이런 절묘한 조율이 독특한 울림이 되어 과거에는 사람들을 더욱 활기차게 만들었고, 지금은 더욱 고요하게 만드는 것이 아닐까.

물론 이곳에서 실제 울림주발처럼 특정한 소리가 나는 것은 아니다. 다만 진동하는 에너지의 파동이 존재할 뿐이다. 이 울림은 신륵사 스님들의 기도와 염원을 전국으로 퍼지게 하는 힘이 되어주었을 것이다. 그리고 이곳을 찾는 사람들의 닫힌 차크라를 뚫어주는 천뢰가 됐을 것이다.

사람이 만들어내는 소리는 아무리 아름다워도 오랜 시간 지속되지 못한다. 하지만 땅이 만들어내는 소리는 공간의 모습이 유지되는 한 그 상태를 유지한다. 고요한 자연의 울림은 우리의 청각을 넘어 몸을 공명시키며 막혀 있던 숨통이 트이게 한다. 무심히 강을 내려다보는 순간에도 내 몸은 자연이 내는 깊은 호흡과 함께 새로운 숨을 내쉬게 되는 것이다.

몸속 열독을 시원하게 뚫어주는
제주의 만장굴

마니산과 신륵사처럼 기운을 올리거나 내려주며 숨통이 트이게 하는 공간이 있다면 압축된 고밀도 에너지로 청소하듯 막힌 숨통을 뚫어주는 공간도 있다. 나는 그런 공간을 제주도에서 만날 수 있었다.

　지인들과 오랜만에 찾은 제주도는 몇 년 새 화려하게 변해 있었다. 조용하고 평화로운 자연 풍광이 있던 자리에는 다양한 종류의 상가가 들어서 있었다. 모든 가치가 돈으로 환산되는 전형적인 관광지의 모습이었다. 며칠 동안 제주도를 돌아다니며 여전히 아름다운 풍경에 감탄하기도 했지만, 예전과 달라진 모습에 답답하고 울적한 기분이 들기도 했다. 설상가상으로 한여름 뙤약볕에 올레길과 오름을 둘러보며 오랜 시간 걸은 탓에 발목이 부었고 허리도 아파왔다. 묵직한 몸과 마음을 안고 서울로 돌아오는 날, 일정에는 없었지만 만장굴에 가보고 싶다는 생각이 들었다. 지인들에게는 세계에서 가장 큰 용암석주를 볼 수 있다는 이유를 댔다. 만장굴은 단체 관광객이 들르는 여행 코스 정도로 여겨지던 곳이라 모두가 시큰둥한 반응을 보였다. 사실 만장굴은 내 마음속에서도 제주도에 오면 꼭 가봐야 하는 곳은 아니었다. 하지만 이번에는 왠지 가봐야 할 것만 같았다. 아마도 지친 내 몸이 위로받을 곳을 찾아 안테나를 세웠던 것 같다. 그 안테나에 걸린 소리가 바로 만장굴의 천뢰였다.

단순히 생각하기에 만장굴처럼 용암이 흘러 만들어진 동굴은 오랜 시간이 지났어도 원래의 뜨거운 화기를 머금고 있을 것 같았다. 더구나 습도가 높고 환기가 되는 공간도 아니니 그 안의 온도가 낮아도 오랜 시간 있으면 눅눅하고 답답한 느낌이 들 것이다. 첫인상은 예상과 다르지 않았다. 울퉁불퉁하고 경사가 진 바닥은 물이 고여 있어 걷기 불편했다. 어두운 간접 조명이 듬성듬성 있을 뿐이라 뚜렷이 보이는 것도 없었다. 어슴푸레 보이는 벽에는 거대한 손톱으로 긁어놓은 듯한 자국들이 층층이 다른 모양으로 새겨져 있었다. 용암종유나 용암유선 같은 용암의 흔적들도 보였다. 그 무늬와 모양이 너무도 웅장하고 거칠어 어느새 벽에 코를 대고 관찰하며 찰박거리는 웅덩이들을 걸어가게 됐다.

그러다 문득 이렇게 어두운 곳에서 오랫동안 벽과 천장을 둘러보는데도 눈이 피로해지지 않는다는 걸 느꼈다. 아니 오히려 점점 시려지고 있었다. 동굴 입구에 들어설 때부터 느껴졌던 냉기는 시간이 지날수록 온몸을 파고들었다. 단순히 피부로 느껴지는 것이 아닌 뼛속을 파고드는 전율이 일었다. 에어컨이나 냉장고의 냉기와는 비교조차 할 수 없는 밀도 있는 서늘함이었다. 이러다 감기가 들지 않을까 걱정돼 서둘러 발걸음을 재촉했다. 그런데 시간이 지날수록 냉기는 더 이상 몸을 파고들지 않았고, 오히려 몸 구석구석을 돌며 쌓여 있던 열독들을 공략했다. 몸이 정화되는 느낌이 들었고, 체한 듯이 막혀 있던 숨통이 트여 호흡이 가벼워졌다. 오랜만에 느껴보는 신선한 체험이었다.

만장굴에서는 왜 이토록 참신한 에너지가 느껴진 것일까? 답은 의외로 가까운 곳에 있었다. 이곳이 바로 용암동굴이기 때문이다. 우리가 산속에서 흔하게 볼 수 있는 석회동굴과 달리 만장굴은 용암에 의해 형성된 현무암질 동굴이다.

현무암은 과거 샤먼이나 인디언들이 애용하던 '치유의 돌'이다. 생리통이나 복통이 있는 여성의 배나 허리에 뜨겁게 달군 현무암을 올려놓기도 했고, 돌을 넣은 물로 목욕을 하기도 했다. 또한 뭉치고 아픈 근육에 뜸처럼 사용하기도 했고, 작은 조각으로 만들어 몸에 지니고 다니기도 했다. 다양한 연구를 통해 현무암이 정수, 정화의 효능이 있고, 원적외선이 다량으로 방출되어 면역에 도움을 준다는 사실이 밝혀지기도 했다. 제주도의 물과 공기가 유난히 좋은 것은 바다 가운데에 있는 외딴 섬이라는 지리적 특성 때문이기도 하겠지만 섬의 대부분이 현무암으로 이루어진 독특한 지력(地力) 때문이기도 할 것이다.

치유의 에너지가 가득한 현무암으로 된 동굴. 기본적으로 동굴은 에너지가 쉽게 빠져나가지 못하는 압축된 공간이다. 산과 바다에서 산림욕과 해풍욕을 하듯 굴속 에너지는 오랜 시간 압축된 에너지를 통해 그곳에 들어온 사람들에게 강력한 암석욕을 시켜준다. 만장굴은 개방 길이가 자그마치 7.4킬로미터나 되고 최고 높이가 23미터에 이르는 초대형 동굴이다. 그 안에 있다는 것은 엄청난 크기의 현무암 덩어리 속에 들어가 자연 치유를 받고 있다는 말이 된다.

공간이 주는 치유의 에너지는 그것을 느낄 수 있는 사람에게 더욱 강렬하게 다가온다는 특징이 있다. 의사의 손을 뿌리치듯 공간을 느끼지 못하고 알아보지 못하면 몸은 더디게 반응한다. 사람과의 관계가 그렇듯 공간 역시 자신을 알아봐주는 사람에게 더 강한 에너지를 선물해주는 것이다. 나는 만장굴의 천뢰를 느끼며 '그냥 구경이나 해야겠다'라는 경솔한 생각을 버리고 이 동굴이 내뿜는 치유의 에너지를 마음껏 들이 마시기 시작했다. 공간을 대하는 태도를 바꾸자 울적했던 마음의 울결이 확연히 풀리는 듯했다. 부어서 뜨겁게 달아오르던 다리도 한층 가벼워졌다. 내 몸이 '굴'이 된 것처럼 시원한 바람을 일으키고 있는 것 같았다. 만장굴에서의 서늘한 감동은 서울로 돌아온 뒤에도 오랫동안 잊히지 않았다.

복잡한 도시에 살며 많은 사람과 마주치다 보면 하루에도 몇 번씩 숨 막히는 답답함을 느끼게 된다. 그럴 때마다 일상에서 벗어나 자연으로 떠나고 싶지만 여행비를 감당하기도, 시간을 내기도 쉽지 않다. 그래서 나는 집 안에 숨통이 트이는 공간을 만들어놓고 애용하고 있다. 안방과 안방 화장실을 이어주는 작은 공간이 그곳이다. 집 안 가장 깊숙한 곳에 있고 창이 없어 문을 닫으면 외부와 완전히 차단된 곳. 그곳에 앉아 숯을 가득 채운 통에 물을 뿌린 후 숯이 물을 먹는 모습을 지켜본다. 그러면 숯은 서늘한 공기를 내뿜으며 자신의 소리를 낸다. 한때는 우거진 나무로 바람과 태양을 품었던 자신의 천뢰를 나지막이 들려주는 것이다. 그 담담한 소리를 듣고 있으면 깊은 숲속에 있는 것처럼 현실감이 옅어지며 애잔하고 평온한 마음이 든다. 비로소 어깨에 얹힌 짐을 내려놓으며 한숨 돌리게 되는 순간이다.

장자의 천뢰가 무위의 자유로움을 선사한다면, 공간의 천뢰는 내 몸이 그 공간에서 무엇을, 어떻게 해야 하는지를 말해준다. 무엇을 해야 할지 안다는 능숙함은 공간 속의 나를 좀 더 자유롭게 만든다. 공간을 다루는 기술은 생각보다 사소한 곳에 있다. 이곳이 무엇을 해야 하는 곳인지를 아는 것이 첫 번째 단추다.

아름다운 풍경과 웅장한 광경이 항상 우리의 숨통을 틔우지 못하는 것처럼 의외의 작고 소박한 공간이 우리에게 도움을 줄 수도 있다. 집이라는 작은 공간의 삶과 역사를 만드는 것은 그 집에 살고 있는 우리 자신이다.《장자》에서 무위가 마른 나무처럼 앉아 세상을 잊고 있는 남곽자기의 모습으로 그려졌듯 시름을 잊고 잠시 앉을 수 있는 곳에서부터 숨통이 트이는 공간이 시작되는 것이 아닐까. 그러다 보면 어느새 자연이 우리에게 들려주는 멋진 천뢰의 음률을 느낄 수 있을 것이다.

운을 만드는 집

초판 1쇄 발행 2018년 7월 27일 **초판 5쇄 발행** 2023년 11월 11일

지은이 신기율
펴낸이 이승현

출판2 본부장 박태근
W&G 팀장 류혜정

펴낸곳 ㈜위즈덤하우스 **출판등록** 2000년 5월 23일 제13-1071호
주소 서울특별시 마포구 양화로 19 합정오피스빌딩 17층
전화 02) 2179-5600 **홈페이지** www.wisdomhouse.co.kr

ISBN 979-11-6220-634-8 03320